点亮艺术之眼
——伟大的博物馆

伟大的
博物馆

VICTORIA AND ALBERT MUSEUM, Londra

伦敦
维多利亚和阿尔伯特博物馆

〔意大利〕伊波利塔·帕西利 主编
虞奕聪 译

江苏凤凰文艺出版社
JIANGSU PHOENIX LITERATURE AND
ART PUBLISHING

目　录

前　言

伦敦维多利亚和阿尔伯特博物馆

20 / 博物馆历史
30 / 收藏

主要馆藏

34 / 佛陀头像
37 / 打坐的佛陀
38 / 观音菩萨
40 / 安德烈·马尔赛·德·萨斯
44 / 洛伦佐·吉贝尔蒂
46 / 多纳泰罗
50 / 安东尼奥·罗塞利诺
52 / 卡洛·克里韦利
56 / 拉斐尔
61 / 拉斐尔
64 / 汉斯·弗雷德曼·德·弗里斯
67 / 乔凡尼·洛伦佐·贝尼尼
68 / 路易·勒南
73 / 约翰·米歇尔·莱丝布莱克
74 / 托马斯·庚斯博罗
77 / 安东尼奥·卡诺瓦
80 / 托马斯·庚斯博罗

82 / 约翰·康斯太勃尔
87 / 约翰·康斯太勃尔
90 / 约翰·康斯太勃尔
92 / 约瑟夫·马洛德·威廉·透纳
94 / 约瑟夫·马洛德·威廉·透纳
98 / 保罗·希波利特·德拉罗什
102 / 约翰·埃弗里特·米莱斯
105 / 古斯塔夫·勒·格雷
106 / 约翰·吉布森
108 / 埃德加·德加
112 / 但丁·加百利·罗塞蒂
115 / 维克多·弗里德里希·霍恩洛厄（也称格莱兴伯爵）
116 / 查尔斯·雷尼·麦金托什

传　记

120 / 艺术家生平

前　言

1837年6月20日，英国国王威廉四世逝世，并没有留下合法子嗣。当时，威廉四世的侄女亚历山德丽娜·维多利亚公主刚满18岁，即将成为王位继承人。维多利亚公主是威廉四世的弟弟爱德华王子（又称肯特和斯特拉森公爵）之女。爱德华王子逝世已久，女儿的教育就托付给了她严厉的母亲——萨克森-科堡-萨尔费尔德家族的维多利亚公主。

英国臣民对新任女王几乎一无所知，就连上层社会的政治家和官员也对她知之甚少，因为她很少公开自己的私人生活，也极少在公众面前露面。维多利亚女王的容貌虽然不算出众，但却魅力十足，她在第一次政务会上的举止令所有人钦佩和震惊——她声音清亮，没有丝毫畏惧和犹豫。所有人都被她吸引住了，就连民众也对她充满了热情，那是一个充满浪漫的年代，女王天真烂漫，不矜不伐，只乘坐马车经过伦敦的街道，就征服了她的子民。

维多利亚公主在肯辛顿宫长大，即位后，立刻搬入了白金汉宫。相比浮华淫靡的前朝，这位年轻女王统领的朝廷有所收敛，朝臣也比过去更加稳重和严谨。一些贵族不再执迷于体面的宫廷生活，与伦敦的都市生活相比，他们更向往勃朗特姐妹小说中描写的乡村生活。

这些贵族大多博学多识，通达明智，关注着一切进步事物；他们善行广施，自诩为自由主义者。当时的精英阶层由辉格党的家族组成——辉格党是当时的执政党，在此前的整个世纪统治着英国。他们通常与托利党对立，在自己的封地上过着君王般的生活（尤其是在19世纪），在伦敦则频繁地参加涉及公共生活的沙龙。辉格党向政界的最高层输送了许多本党成员，例如维多利亚女王加冕时担任首相的墨尔本勋爵。当时，墨尔本勋爵已经在任三年，并获得了辉格党（后称自由党）多数成员的支持，一直任职于英国政府，直到1841年，罗伯特·皮尔领导的托利党（后称保守党）击败了辉格党。

墨尔本勋爵在维多利亚女王统治初期扮演着至关重要的角色，他与维多利亚女王的情谊令人称赞。是年，墨尔本勋爵58岁，性格多疑，玩世不恭，贵族做派十足，是一个自由主义者，与实质相比，他更注重形式；而维多利亚女王天真烂漫，充满热情，渴望建功立业。首相和女王很快变得形影不离，即使在辉格党政权倒台后，他仍然是女王不可或缺的谋士。女王在漫长的统治生涯中得到了历届首相的有力支持，例如罗伯特·皮尔、罗素勋爵、帕麦斯顿子爵、本杰明·迪斯雷利、威廉·格莱斯顿和索尔兹伯里侯爵。毫无疑问，历届首相在经济变革和社会变革中起到了决定性的作用。

维多利亚女王统治初期的国家贫穷，政局动荡。尽管此前的几年中通过了一些扶持社会底层群体的法律，但这些法律并未有效改善工人的生活，许多英国公民仍生活在贫困之中。尽管相比19世纪初，工人的生活条件已有所改善，但他们的生活仍十分拮据，薪水微薄，住房简陋，每日工作时间长达15小时至16小时，对妇女和儿童的不正当雇佣现象十分普遍。

救助贫困人口的唯一方法是设立济贫院。尽管济贫院收容了最贫困的群体，但也变成了最腐化的机构，无异于名副其实的监狱。维多利亚时期新精神的特点是人们社会意识的觉醒和对公众事务的

1826年的一幅雕版画中呈现的布莱顿英皇阁宴会厅

关注，这种新精神的产生得益于诸多因素：出版业欣欣向荣 ——《每日邮报》和《晚星报》等新型大众报纸正诞生于这一时期；大部分作家都在报社中担任职务，查尔斯·狄更斯就是其中之一，他坚定地揭露和细致地描绘了最贫穷阶层人们的生活状况；公众意见变得更为重要，由此，工人权利运动加速发展。自1843年，一系列法律遏止了最严重的劳动剥削现象；1848年后，亦即卡尔·马克思和费里德里希·冯·恩格斯发表《共产党宣言》后，大部分工厂都开始实行正常的工时，并改善了工人的工作条件。

英国人将维多利亚女王统治的最初期称为"维多利亚时代前期"（1837—1851），这一时期为"维多利亚时代"奠定了基础，维多利亚时代前期和后期的分水岭是第一届万国博览会。1851年5月1日，一座巨大的温室在海德公园拔地而起，维多利亚女王和她的丈夫阿尔伯特亲王出席了历史上的第一届万国博览会的开幕仪式。博览会出席人数达3万人，会场周围更是聚集了70万人。在花环与吊灯之下，在鲜花与绿植之间，不计其数的展台上展出着英国和世界上大

布莱顿皇宫景观

伦敦维多利亚和阿尔伯特博物馆

部分国家的工业产品。展馆本身也是史无前例的。展馆由约瑟夫·帕克斯顿(1803—1865)设计,完全由生铁和玻璃建成,由此得名"水晶宫",并为世人所熟知。"水晶宫"的建成也标志着预制方法的大获成功,该建筑的所有组件都是按批次预先在英国工厂中生产,随后再组装起来的。当时,玻璃板在批次生产中最长可达1245米,这也是整座建筑的长度。功能性组件是整个设计的参数之一,这在建筑史上是闻所未闻的。使用预制方法还有别的意图:首先,这标志着工业革命的胜利,建造这座巨大的展馆只花费了9个月,创造了建筑用时的记录;其次,建筑本身与英国殖民布局亦有关联,这座建筑与前往澳大利亚的英国开拓者、加利福尼亚的淘金者和世界可知范围内最偏远地区的欧洲传教士曾使用的"便携式"房屋相同。万国博览会秉持的信念是人类对于自然的胜利,其具体表现便是欧洲人在世界其他地区的扩张。

这一盛会的成功举办还得益于维多利亚女王和阿尔伯特亲王的结合。1840年2月10日,维多利亚女王和萨克森-科堡-哥塔的阿尔伯特亲王在圣詹姆士宫的礼拜堂内举行了婚礼。维多利亚和阿尔伯特是表姐弟,两人的出生时间只相差三个月(他们是在同一位助产士的见证下出生的),自他们出生起,他们的外祖母就对两人的

1811年的一幅雕版画中展现的伦敦卡尔顿宫正面

结合寄予了强烈的期望。维多利亚疯狂地爱上了阿尔伯特，除了对他的爱情，她还认同他为王室和英国所做的一切。阿尔伯特亲王在德国的一个小公国内长大成人，他不苟言笑，极具道德感。维多利亚爱慕着他，视他为楷模。尽管当时英国体制内最高层的一些派别对他怀有戒心（阿尔伯特从未成为上议院的成员，首相也仅仅将他视为女王的配偶和亲王，从未授予他国王的头衔），但阿尔伯特凭借他的智慧和修养，在公共事务中发挥了独一无二的作用。作为国家机制运转中必不可少的一分子，他最终得到了英国政界最高层的接受和认可。阿尔伯特亲王曾提出"让工业成为艺术"的理念，并在万国博览会上将其付诸实践。此外，他还曾担任"废除奴隶贸易协会"的主席。

1861年，阿尔伯特逝世，年仅42岁，他的离世对维多利亚女王造成了极大的打击，仿佛给她的生命蒙上了一层阴翳。他的离世不仅使维多利亚女王悲痛欲绝，还对英国和整个欧洲产生了重大的影响。倘若阿尔伯特没有英年早逝，我们或许可以认为，英国的政治会朝着另一个方向发展。维多利亚对丈夫的爱矢志不渝，即便阿尔

为举办1851年第一届万国博览会而建的水晶宫，伦敦，大英图书馆

伦敦维多利亚和阿尔伯特博物馆

弗朗兹·夏维尔·温特哈特,《维多利亚女王》,约1845年

伯特逝世后,维多利亚对他的爱仍然矢志不渝,这一点能从她实施的诸多纪念和缅怀的举措中得以见证。阿尔伯特的离世是一个分水岭:1840年至1861年间,英国国王的权力逐渐得到强化,而1861年至1901年间(维多利亚女王逝世于1901年),英国国王的权力则逐渐被削弱。毫无疑问,在维多利亚女王漫长统治的末期,国王的

弗朗兹·夏维尔·温特哈特,《萨克森－科堡－哥塔的阿尔伯特亲王》,1859年,伦敦,英国国家肖像馆

权力并不如过去强大;但是,维多利亚时期,英国在经历了一场空前的革命后,一跃成为世界霸主,女王也因此获得了至高的赞颂。在她统治的后半期,帝国主义已经成为整个国家的主导信仰,女王

伦敦维多利亚和阿尔伯特博物馆　15

本人也对帝国主义深信不疑。尽管王权被削弱，但英国的帝国主义精神仍赋予了国王的角色以全新的意义，几乎使国王变成了一个神秘的存在。国王的这种优越地位不仅是政治事件的产物，在很大程度上还取决于女王的个人品质。当时，维多利亚女王被视为臣民的母亲，是大不列颠王国的象征，她是英国女王、印度女王（自1876年），同时还是推动英国强大殖民机器运转的轴心人物。

维多利亚女王于1901年1月22日逝世，在位时间长达64年（在

伯莎·穆勒，《八十岁的维多利亚女王》，1900年，伦敦，英国国家肖像馆

位时长被现任的伊丽莎白二世女王超过），她的辞世令整个英国陷入了惊愕的悲痛之中，大部分臣民早已不记得维多利亚女王统治之前的时代是何种情景。她已经成了英国臣民生活秩序中不可磨灭的一部分，她的辞世令人无法接受。然而，无论是过去还是现在，她和她挚爱的丈夫所留下的文化和精神遗产都为英国历史留下了无法抹去的一笔。维多利亚时代的荣耀建立在工业革命和殖民主义之上：工业革命被视为一场文化运动，见证了手工制造和工业制造在艺术中的碰撞与融合，创造出日常生活中的艺术产品；殖民主义则标志着英国对差异和陌生文明的同化。如今的维多利亚和阿尔伯特博物馆（博物馆建于1852年，当时名为工艺品博物馆）保存了工业革命和殖民主义的种种见证，旨在纪念这两位统治者，传承他们深刻而富有创见的世界观。

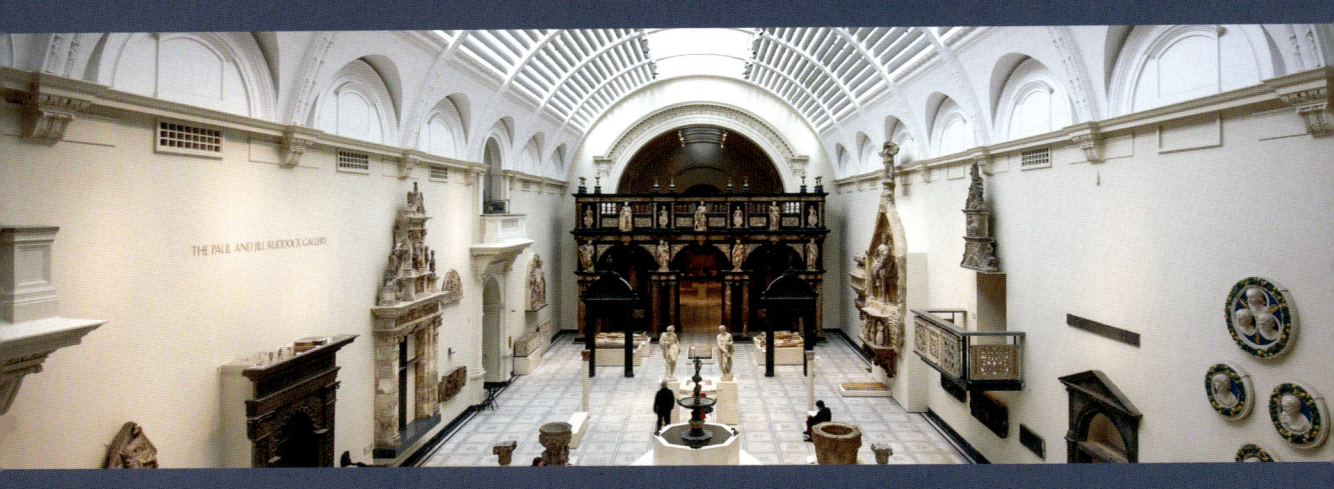

伦敦维多利亚和阿尔伯特博物馆

博物馆历史

一个多世纪以来，维多利亚和阿尔伯特博物馆始终是灿若群星的装饰艺术、雕塑和绘画收藏的代名词。博物馆的收藏环境彰显着19世纪艺术的精髓——庄重奢华、风格多样、装饰技法复古。博物馆拥有数量最多的多纳泰罗雕塑、独一无二的中世纪珐琅和金银制品、世界上最大的伊斯兰艺术收藏，以及出自顶级大师之手的绝世珠宝展品。倘若多纳泰罗不足以吸引我们，驻足观赏英国绘画的杰作也使我们厌倦，那么，当我们穿过中国雕塑展厅时，必定会为之深深震撼：来自丝绸之路的手工制品、产自各个时期和地区的陶瓷制品都云集伦敦，面对这样的精美珍品，我们无法不发出赞叹。

维多利亚和阿尔伯特博物馆部分展厅的景观

维多利亚和阿尔伯特博物馆是世界上最大的应用艺术和设计博物馆。博物馆的画廊长达 11 千米，共有四层，其容纳的展品跨越了五千年的历史。展品从基督教崇拜的古老物件到东方神秘主义的艺术品，从绘画到雕塑作品，从织物到家具，从陶瓷到水晶，应有尽有，五大洲的古老文明和现代文明的方方面面都被展现得淋漓尽致。博物馆约有四百万件展品，分为亚洲、欧洲、材料与技术、现代四大主题区域，每一主题区域又根据其来源和技法进一步细分。

博物馆创建于 1852 年，建立之初是工艺品博物馆，目的是为了激发人的创造力和手工能力，临时馆址在马尔巴罗大楼，在 1857 年搬入现址，并更名为南肯辛顿博物馆。1899 年，维多利亚女王为了纪念她挚爱的丈夫阿尔伯特，将博物馆更名为维多利亚和阿尔伯特博物馆。博物馆旨在展示世界各地的顶尖艺术和设计，激励英国的企业家、工匠、产业家、艺术家和设计师迎接挑战，提升创作和生产的水平。

伦敦维多利亚和阿尔伯特博物馆

我们今天看到的博物馆曾在不同时期被多位建筑师改造过，他们包括弗朗西斯·富柯、亨利·斯科特·扬、戈弗雷·赛克斯和阿斯顿·韦布。博物馆东侧边楼历史最久，建于1856年至1858年，西侧边楼建于1864年，北侧边楼建于1865年至1869年。现在博物馆的正立面朝向克伦威尔路，是建筑师阿斯顿·韦布在1899年至1910年间建成的。

博物馆内部展厅的装饰也是出自同时代的艺术家之手。威廉·莫里斯作为艺术顾问，弗雷德里克·雷顿勋爵则创作了雷顿长廊中至今仍可供人欣赏的湿壁画，湿壁画呈现的主题是"应用于战争的工业艺术"和"应用于和平的工业艺术"；弗兰克·穆迪是陶瓷楼梯的设计者，而菲利普·韦伯和威廉·莫里斯则设计了绿色餐厅，爱德华·伯恩·琼斯的彩色玻璃让绿色餐厅熠熠生辉。

新千年伊始，博物馆开始实施展厅翻新计划，利用现代化设备扩大了展出空间。2001年，英国画廊开幕，该画廊汇集了见证英国

维多利亚和阿尔伯特博物馆入口处细节

艺术和设计发展的作品；2006年，贾米尔伊斯兰艺术画廊成立；2009年，中世纪和文艺复兴画廊揭幕。在这里，有一整个展厅被用于展览多纳泰罗的雕塑作品，还有一个展厅重建了银行家皮耶罗·德·美第奇的小书房，来自欧洲各地的众多中世纪艺术杰作在此云集。

丹尼尔·里伯斯金和塞西尔·巴尔蒙德的未来主义螺旋式建筑项目由于缺乏资金，在激烈的争论中被废除，该项目原本是为了给博物馆增添新的空间，促进已有的多个楼层的连通。

弗雷德里克·雷顿，《应用于和平的工业艺术》，伦敦，维多利亚和阿尔伯特博物馆

维多利亚和阿尔伯特博物馆的使命

维多利亚和阿尔伯特博物馆诞生于19世纪中叶的英国,这一时期,英国文化背景的突出特点是工业的发展。在这种氛围下,1851年,万国工业博览会在伦敦举行,还得到了建筑师亨利·克勒的推崇和阿尔伯特亲王的支持。事实上,英国国王提出,必须"忠实地见证和生动地展示出整个人类现在的发展水平"。约瑟夫·帕克斯顿设计的水晶宫以生铁和玻璃为支撑结构,酷似一个温室,这种构造使得室内充满光线,其建筑外观与海德公园交相呼应。水晶宫内陈列着来自世界各地的工业制品,参展的国家共有94个,其中也包括一些殖民地国家。博览会参观人数达到了600万,获得了巨大的成功。博览会展出的物品既包括简单的日常用具,也包括精密的

约瑟夫·帕克斯顿设计的水晶宫,1851年的万国博览会在此举行,巴黎,国家图书馆

机器，应有尽有。其中的大部分空间被用于展出英国的工业产品，大英帝国希望借此展示其先进的工业和技术，然而，由于缺乏创造性，展品质量不佳。此次博览会也有萧条的一面——现代的生产仍呈现出过去的样式，即使是现代工业机器也免不了落入旧样式的窠臼。

由此，一场关于艺术和工业关系的热烈争论应运而生。在这场争论中，亨利·克勒提出要提升产品外观的美学价值，并将产品的外观设计委托给了艺术家。为此，1852年，在克勒的推动下，工艺品博物馆成立，克勒作为首任馆长，肩负起了向当时的设计师提供参照和灵感来源的任务，同时他还致力于培养公众的品位。通过一系列的收购活动，博物馆很快在万国博览会展品的基础上添置了许

维多利亚女王携阿尔伯特亲王和子女主持1851年水晶宫万国博览会开幕式

伦敦维多利亚和阿尔伯特博物馆

爱德华·伯恩·琼斯和约翰·亨利·迪尔,《波摩娜(果树女神)》,1900年,伦敦,维多利亚和阿尔伯特博物馆

多其他的文物。1858年,博物馆通过古董市场收购了吉利-坎帕纳的藏品,其中包括多纳泰罗和卢卡·德拉罗比亚的作品;随后,在约克郡的工业家约翰·希普尚克斯的捐赠下,又有超过200幅的19世纪英国画作被收入馆中;1860年至1864年,弗兰茨·博克的收藏又为博物馆增添了一组重要的中世纪纺织藏品。除了这些历史悠久的作品,博物馆还藏有一些石膏复制品,它们等比例复制了欧洲博物馆中收藏的部分雕塑杰作。这些石膏复制品是一些艺术家的习作,其中包括托斯卡纳大公爵赠予维多利亚女王的米开朗琪罗的《大卫》、圣地亚哥-德孔波斯特拉主教座堂的柱廊和图拉真圆柱。事实上,博物馆还秉持着教学的目标,在其附近就有一所工业设计学校。

威廉·莫里斯,用《草莓小偷》图案装饰的纺织品,1883年,伦敦,维多利亚和阿尔伯特博物馆

坎帕纳家族藏品

在博物馆汇集的众多藏品中，坎帕纳家族藏品的故事尤其值得一提。由于一桩诉讼丑闻，坎帕纳家族的藏品最终流散在一些主要的国家级博物馆和古董市场中。

乔瓦尼·皮埃特罗·坎帕纳出身罗马，来自一个掌管着蒙特·迪·皮埃塔典当行的富人家庭。自青年时期起，他便开始在典当行工作，备受尊崇，享受着身份所带来的优越感。1835年，教皇授予了他骑士头衔；一年后，他成为罗马储蓄银行的行长；1851年，那不勒斯王国的国王斐迪南二世授予他卡维利侯爵爵位。在活跃于金融领域的同时，坎帕纳还热衷收藏，他挖掘着家族和教皇国所拥有的考古文物，流连于罗马、丘西、维泰博、那不勒斯和威尼斯的古董市场，以此满足自己对收藏的狂热爱好。正因如此，他的藏品规模不断扩大，除了文艺复兴时期的锡釉陶器，还有古希腊和古罗马的铜像和大理石像、赤陶建筑浮雕、陶瓷、钱币和纪念章，以及14世纪和15世纪意大利的早期尼德兰绘画。坎帕纳将他的收藏分别放在两个地方：一个是位于西里欧山的别墅中，另一个则位于罗马城巴布依诺路和人民广场之间的一座不起眼的楼房中。高级教士、贵族和学者都是这里的常客。由于藏品的所有者和蔼可亲，当时罗马的导游总会推荐游客去参观他的藏品。1856年，布莱维特在他的游记中甚至这样写道："尽管坎帕纳博物馆每周只开放一天，且只对持有介绍信的人开放，但它在许多方面都胜过梵蒂冈的格里高利埃及博物馆。"

然而，没过多久，一切都发生了变化。1857年，乔瓦尼·皮埃特罗·坎帕纳由于滥用公共资产被捕入狱，判

卢卡·德拉罗比亚，《八月寓意画圆盘》，约1450—1456年，伦敦，维多利亚和阿尔伯特博物馆

刑20年。随后，刑罚改为流放，他的收藏均被教皇国没收和出售。一些作品在拍卖之前被策展人斯特潘·格杰奥诺夫选中，并被转移到了圣彼得堡的冬宫博物馆，另一些则被转移到了纽约大都会博物馆，古代金银藏品被卢浮宫收购，钱币藏品被罗马的卡皮托利尼博物馆收购，一些早期画作则被法国收购，如今展出于阿维尼翁的小宫博物馆。此外，1860年，约翰·查尔斯·罗宾逊收购了95件文艺复兴时期的绘画作品和锡釉陶器，并将它们献给了南肯辛顿博物馆。

博物馆中最昂贵的作品之一是一套陶瓷镶板画，这套镶板画共有12幅，由卢卡·德拉罗比亚上釉，曾用于装饰皮耶罗·德·美第奇的私人书房，直到1659年，里卡迪家族买下了美第奇家族的宅邸，并拆除了这间书房。这一系列作品呈现的是《十二个月的劳动场景》以及与之相应的星座标志，尽管与中世纪教堂大门上的图案十分相似，但不同的是，画作中加入了人文主义的元素，乡间的闲暇场景与城市中的买卖场景交替出现，凸显了闲暇的重要性。画作的圆盘如同袖珍画一样精致，以白色和不同色调的蓝色绘成，展现了卢卡典型的双色风格。

另一件著名的作品是多纳泰罗的铜制圆形浮雕画——《圣母与圣子》，多纳泰罗将这件作品赠予了乔瓦尼·科里尼医生。这件作品是多纳泰罗在帕多瓦时期的作品，所用技艺无比精湛，背面呈现出的凹凸纹路可用于制作石膏复制品。

多纳泰罗，《圣母与圣子》，又称《科里尼的圣母》，1456年，伦敦，维多利亚和阿尔伯特博物馆

收藏

陶瓷、玻璃、金属与纺织品

　　维多利亚和阿尔伯特博物馆拥有世界上最大规模的陶瓷收藏，还见证了陶瓷这种工艺品从公元前3500年到今天的嬗变。藏品来源地从古埃及延伸到墨西哥，其中亚洲、中东和欧洲的藏品尤为瞩目。英国国家玻璃收藏区集中展示了各种玻璃制品，展品跨越的历史足足有4000年。在金属制品的收藏中，除了产地各异的珐琅、白镴和黄铜外，还有英国的银器和中世纪的武器与甲胄。馆内还藏有大量纺织品，如东方丝绸、欧洲挂毯和用于英国中世纪礼拜仪式的刺绣制品。

亚洲艺术

　　馆内珍藏着琳琅满目的近东和远东的手工制品，它们呈现出了亚洲文明的多样风貌，其中既包括简易的日常手工制品，也包括用于宗教场合的作品。马尔克·奥莱尔·斯坦因的藏品尤为珍贵，包括数量庞大的纺织品和来自丝绸之路的物件，是印度政府外借给维多利亚和阿尔伯特博物馆的藏品。

乔赛亚·韦奇伍德，波特兰花瓶，公元前1世纪原作的复制品，约1790年

绘画、素描与照片

　　馆内还藏有大量的视觉艺术作品，包括精妙绝伦的英国水粉画、彩色粉笔画和微型画，以及两千多幅欧洲绘画，它们都是19世纪英国收藏热的产物。

　　自1852年，摄影作品也开始进驻博物馆，成为博物馆财富的一部分；如今，馆内有大约50万幅国际顶级艺术家的摄影作品。

时尚、珠宝与饰品

自创立初始,博物馆便开始收藏服装,也就记录了服装自17世纪至今的发展历程。这一展区的焦点是一些曾经影响品位变化的人物,例如,玛德琳·维奥内特的创作和20世纪60年代英国时尚报道中的重要人物——马丽特·艾伦穿戴的服饰。

珠宝展区包括莱利、卡地亚的杰作以及俄国女皇叶卡捷琳娜二世曾经佩戴过的珠宝首饰。手套、包和鞋子等饰物则使这个关注潮流的展区更加丰富多彩。

建筑与装饰

博物馆还以设计图和照片的形式展出了超过200万件建筑作品。在接收了来自英国皇家建筑师协会(RIBA)的作品后,馆藏还将继续扩大,成为世界上最重要的建筑作品收藏地。所展出的装饰物件超过14000件,分别来自欧洲和美洲,跨越了从中世纪直至今天的漫长历史。

带鲸须、丝带和花边的紧身胸衣,1890年

查尔斯·雷尼·麦金托什,《沙发》,1916年,伦敦,维多利亚和阿尔伯特博物馆

主要馆藏

佛陀头像

4—5 世纪
彩色石膏像 29.2×18cm

维多利亚和阿尔伯特博物馆是欧洲最重要的佛教艺术收藏的博物馆；雕塑展厅的展品纵贯了从公元 1 世纪到 19 世纪的历史；博物馆为呈现亚洲各地区对佛教教化接受的特点，还根据产地进一步细分了这些作品。

这座雕像刻画的是佛陀年轻时期的面孔。盘结在头顶的头发象征着智慧和心智的开阔，额上的标志代表佛陀拥有的第三只眼，长长的耳垂则令人联想到他高贵的出身。如今，雕像的嘴唇、眼皮上方和头发上的色彩已经所剩无几，但佛陀面部的彩绘是整座雕像的重要组成部分。这个头像的主要部分是由模子塑成的，装饰和细部加工则是手工完成的。佛陀头发的做工十分细致，令人联想到古希腊罗马雕像的头发。这件作品来自犍陀罗（今位于巴基斯坦北部和阿富汗东北部）的一座寺庙，公元前 1 世纪至公元 5 世纪，深受希腊文化影响的犍陀罗艺术流派在这片土地上生根发芽。

伦敦维多利亚和阿尔伯特博物馆

打坐的佛陀

公元 11—12 世纪

大理石雕像　107×54 cm

　　这座石制浮雕来自印度东南部，或许源自孟加拉或巴希尔的宗教文化，呈现的是静坐在莲花宝座上的释迦牟尼佛。

　　佛陀头戴华冠，耳垂和脖颈上均佩戴着厚重的装饰物，彰显着他高贵的王子身份。透明的袈裟与珠宝形成了鲜明的对比，珠宝则引起了人们对皇室的遐想，与佛陀精神权威的身份交相呼应。佛陀右手指地，土地见证了他的开悟，表明他已然脱离以恶魔玛拉为象征的尘世财富。莲花宝座正下方有一根闪电状的权杖，称为金刚杵，象征着开化的心智。雕像底座的边饰上雕有土地女神普利特维，她身边有象征佛陀力量和高贵的狮子和大象以及两个双膝跪地的捐赠人。在宝座两侧，观世音菩萨和弥勒菩萨立于莲花茎之上，他们已经开悟，是信徒的指引者，另外两位菩萨坐在稍高的位置。浮雕顶端还有两个向佛陀进献的人，他们正为佛陀奉上花冠。

观音菩萨

公元 12—13 世纪
彩绘、涂漆、镀金的木雕　高 114.2 cm

　　菩萨代表的是已经达到开悟，为了帮助众生脱离苦海，追寻解脱和全知，从而放弃涅槃的形象。

　　这座典雅和精致的雕像透露着菩萨的神性。观音是象征着慈悲的菩萨。观音洞察世人的祈祷，因此深受信徒的爱戴。这座观音雕像坐于岩石宝座之上，躯干颀长，双腿较短，双脚小巧，双手丰满，与中国传统文化中刻画的观音形象如出一辙。考究的服饰和不计其数的珠宝使观音的形象显得更加雍容华贵，观音头上的五角之冠带有佛陀的形象。这件作品雕刻精细，诚为上品。这座雕像原本属于中国北部的一座寺庙，起初带有彩绘，在明朝时经过了镀金处理。

伦敦维多利亚和阿尔伯特博物馆

安德烈·马尔赛·德·萨斯

《圣乔治多联画》
约 1400—1425
木板烫金蛋彩画　660×550 cm

这面巨大的祭坛装饰屏高度超过 6 米，是 15 世纪前 25 年中瓦伦西亚画派作品的绝佳典范，呈现出国际哥特主义的风格。在传统上，这件作品被认为是定居于瓦伦西亚的德国画家安德烈·马尔赛·德·萨斯的作品，不过这种说法尚有争议，一些学者更谨慎地将这件作品的作者称为"百人大师"，因为这件作品来自瓦伦西亚圣乔治教堂弩手百人队的礼拜堂。作者在作品中呈现了圣乔治的故事，从他加入罗马皇帝戴克里先的军队，直到他在皇帝和朝廷面前坦白自己的基督教信仰，其他画屏则以极为写实的风格讲述了这位圣人殉道的过程。他遭受殴打、悬吊、撕扯和被捕入狱，在狱中他看见了上帝显灵，上帝预言他将承受 7 年之苦。

作品主画面讲述的是圣乔治一生中最著名的事迹——传说圣乔治曾杀死恶龙，拯救公主。

洛伦佐·吉贝尔蒂

呈现亚当和夏娃故事的砖块
约 1415
以铅漆上釉的赤陶装饰的木制品　58.4×168.9 cm

这件作品是南肯辛顿博物馆（后更名为维多利亚和阿尔伯特博物馆）最早收购的作品，也是博物馆最重要的作品。这件作品隶属于一组由 89 件雕塑和锡釉陶器组成的藏品，而这组藏品则由奥塔维奥·吉利和乔瓦尼·皮埃特罗·坎帕纳于 1825 年至 1850 年间收集的两拨藏品组成。这三块经过上釉处理的赤陶砖块讲述的是亚当和夏娃的故事——惩罚、逐出天堂和劳作。在第一块砖块上，亚当和夏娃赤身裸体，被上帝惩罚，上帝竖起的手指是惩罚的标志。在第二块砖块上，天使悍然将他们逐出伊甸

园。在第三块砖块上，夏娃手持纺织工具，亚当扛着耕地的锄头。这组砖块被依次装嵌在一个木制婚箱的正面。在 13 世纪，这种婚箱是用于存放衣物和床上用品的，一般以《新约》中的场景为装饰。木质边框辅以石膏装饰，两端的护板上有两枚家族徽章的痕迹。佛罗伦萨主教堂博物馆中存有一块多纳泰罗的赤陶砖块，上面描绘的亦为创造夏娃的故事，它或许也来自上述的婚箱。

这些手工艺品是用铅漆给赤陶上釉的最古老尝试，也是卢卡·德拉·罗比亚提出的上釉工艺的前导。

多纳泰罗

《基督升天和交付圣彼得天国钥匙》
约 1428—1430
大理石浮雕　40.9×114 cm

多纳泰罗无疑是意大利 13 世纪的一位中心人物。在他长达 60 年的艺术生涯中，他不仅在故乡佛罗伦萨开展工作，还在罗马、帕多瓦和锡耶纳进行了创作，还有来自那不勒斯、费拉拉、法恩扎、克雷莫纳、摩德纳、米兰、曼托瓦和威尼斯的创作委托。他是"浅浮雕"大师，也是这种技法的主要传播者。在浅浮雕中，浮雕厚度达到最小，作品效果与绘画十分相近。这种技法是多纳泰罗优先研究的领域之一，通过这种技法，他巧妙地将友人布鲁内列斯基发明的数学透视法应用于雕塑之中。

这件作品曾属于美第奇家族，1492 年，洛伦佐·德·美第奇（伟大的洛伦佐）逝世，

这件作品是在财产清查时被发现的。一些学者认为，美第奇家族可能是在1434年从布兰卡奇家族手中购得了这件浮雕作品，当时，这件浮雕作为祭台装饰，被安置在佛罗伦萨卡尔米内教堂内的布兰卡奇礼拜堂中，马萨乔也曾在这里创作湿壁画。事实上，作品的布局方式和人物的庄重姿态都透露出来自马萨乔的影响，尤其是来自湿壁画《纳税银》的影响，这令人想到，两位艺术家或许是希望在同一个空间内保持装饰风格上的连贯而有意为之的。然而，如今可信度最高的假设是，这件浮雕曾被安置在佛罗伦萨圣弥额尔教堂中圣彼得的壁龛底部，在多纳泰罗的浮雕《圣乔治》附近。

伦敦维多利亚和阿尔伯特博物馆

杰作解析

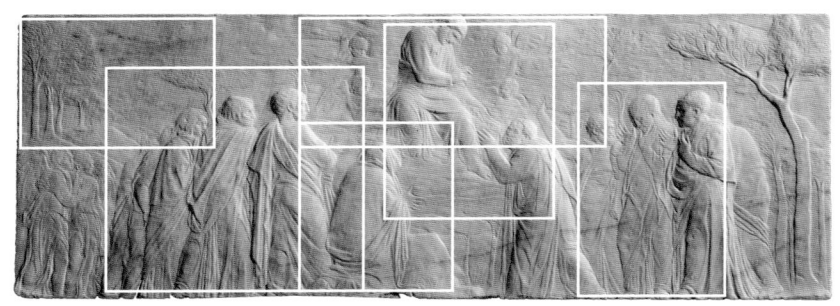

在这件浮雕中,多纳泰罗将耶稣升天和交付圣彼得天国钥匙的场景合而为一。

多纳泰罗以极为轻逸的手法雕刻了背景中的山间风景。

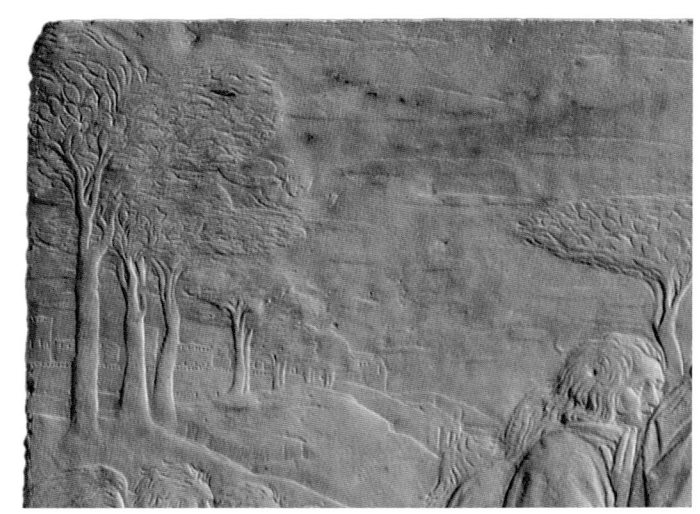

围绕着耶稣的天使和云彩清浅得仿佛看不见一样。

玛利亚背对观众，跪着目睹了这一幕。她被刻画成一个老态龙钟、饱经风霜的女性，她仰起头，张开双臂表示惊异。

在场景中央，耶稣在升天之前将钥匙托付给了圣彼得，任命他守卫和管理教会，圣彼得伸长左臂正接下钥匙。

使徒们围成一个半圆形，目睹了事情的经过，使徒的形象体现了透视法在浅浮雕上的精妙应用：浮雕越浅，人物就显得越远。

伦敦维多利亚和阿尔伯特博物馆

安东尼奥·罗塞利诺

乔瓦尼·迪·安东尼奥·科里尼的半身像
1456
大理石雕像　51×57.6cm

来自圣米尼亚托的乔瓦尼·迪·安东尼奥·科里尼曾经是一名医生和医学讲师,逝于1462年,享年83岁或84岁。这座半身像是文艺复兴时期最早的一批半身像之一,也被认为是出自安东尼奥·罗塞利诺之手的第一件作品。在这座半身像以及罗塞利诺此后的作品中,雕塑家都以写实的手法刻画了人物形象,不加修饰地表现出了捕捉到的每一个独特细节。人物的面庞上布满了血管和皱纹,逼真到令人以为这是一件从蜡质模型复制而来的作品。人物身着紧身长袍,三粒扣子系至脖颈。半身像的空心底座内部还有一句表明人物和艺术家身份的拉丁语铭文:"MAGISTER IOHANES MAGISTRI. ANTONII DE SANCTO MINIATE DOCTOR ARTIVM ET MEDICINE. MCCCCLVI"(大师乔瓦尼。来自圣米尼亚托的艺术家和医生安东尼奥)。底座中央的文字为"OPUS ANTONII"(安东尼之作)。

科里尼委托罗塞利诺雕刻这座半身像的目的是让后世记住自己。此后,这件作品归佛罗伦萨的科里尼家族所有;直到1860年,时任南肯辛顿博物馆艺术收藏总监(后为维多利亚和阿尔伯特博物馆艺术收藏总监)的约翰·查尔斯·罗宾逊收购了这件作品。

伦敦维多利亚和阿尔伯特博物馆

卡洛·克里韦利

《圣母子》
约 1480
木板蛋彩画　48.5×33.6 cm

这幅木板蛋彩画呈现的是圣母怀抱圣子，靠在栏杆上的场景；他们身后的帷幔被一丛带有水果的枝干遮掩，背景中有一棵枯树，这是耶稣受难的象征。

卡洛·克里韦利出生于威尼斯，1465年前往达尔马提亚的扎拉，最后来到马尔凯的阿斯科利皮切诺。克里韦利对这一主题得心应手。镀金画框是国际哥特主义的典型物件，木板蛋彩画通常镶嵌其中，正是在艺术蓬勃发展的背景下，克里韦利在国际哥特主义的基础上引入了诸多创新的元素。画中，圣母身着一件文艺复兴式的华服，与15世纪宫廷贵夫人的着装相似，但她那修长纤细的双手和她的目光仍透露出前一个世纪的艺术创作的影响，克里韦利几乎是用微型画的创作方式排布了图中的诸多元素。画中的水果和花朵富有基督教的含义，代表的是基督的生命：耶稣手中的苹果象征着原罪，前景中左侧的红石竹则象征着耶稣的鲜血。

伦敦维多利亚和阿尔伯特博物馆

伦敦维多利亚和阿尔伯特博物馆 55

拉斐尔

《捕鱼神迹》
1515—1516
黑色粉彩、蛋彩画（裱褙在画布上） 320×390cm

大约1514年末，教皇利奥十世委托拉斐尔创作了一系列挂毯的草图，这些挂毯将用于装饰西斯廷礼拜堂。1517年7月，第一张挂毯完成。据记载，第一张挂毯曾出现于布鲁塞尔的挂毯匠人皮特·凡·埃尔斯特的工作室，红衣主教路易吉·迪·阿拉贡纳曾在这里看见过这张挂毯。很快，这一系列的十幅挂毯均被送至罗马，而草图则被分成了几块，留在了这位来自布鲁塞尔的挂毯匠人手中，作为挂毯编织的参考图。埃尔斯特利用这些草图制作了不同系列的挂毯，或许他还依照当时的习惯，将草图借给了其他工作室。

这些草图由黑色粉彩画成，再以蛋彩着色，可以在纸上拼贴成一张更大的草图，这张大草图的尺寸与待制作的挂毯相同。草图的内容被搬上画布或许是在17世纪末，1623年英国国王查理一世购入了这批草图后，于1698年将它们安置在汉普顿宫。1865年，维多利亚和阿尔伯特博物馆收入了其中的七张草图，而另外三张已经遗失；挂毯则保存在罗马的梵蒂冈美术馆中。在此之前，西斯廷礼拜堂已然十分富丽堂皇，教皇西斯都四世在15世纪80年代初期就召集了当时的绘画名家，佩鲁吉诺、波提切利、西诺雷利、基尔兰达约等画家均接到委托，用耶稣的生平和摩西的故事来装饰礼拜堂墙壁的中层。西斯廷礼拜堂的穹顶则是教皇儒略二世委托米开朗琪罗创作的惊世骇俗的湿壁画。1519年12月26日，首批完工的挂毯送达罗马，当即被展示在西斯廷礼拜堂中，大获赞誉。人们对挂毯的评价是无可争议的——没有人曾见过这样的作品。前后担任过教皇儒略二世和利奥十世的专职教士和司仪的帕里斯·德·格拉西斯曾这样写道："今日，教宗下令挂起他的新挂毯，它们美丽华贵，看到这些挂毯，整个礼拜堂的人都目瞪口呆，世上没什么比它们更美丽的东西了。"

伦敦维多利亚和阿尔伯特博物馆

杰作解析

拉斐尔为装饰西斯廷礼拜堂墙壁的挂毯绘制了《捕鱼神迹》的草图。

欣赏这件作品时，只需要一眼，我们就能看到拉斐尔巧夺天工的技艺。近距离观察，太巴列湖岸充满生机，在前景中，鸟儿的爪边分散着一些贝壳、软体动物、花朵和小型植物，我们会发现每一处细节都被刻画得精细至极。

背景中，日常生活的景象也透出勃勃生机——妇女们在给孩子洗澡；一群男人或许是在对捕鱼的奇迹场景指指点点；许多人在山上和城市之间来来往往，城市景象也被刻画得十分精细。

在我们眼前，奇迹宛如刚刚发生。这是福音书中最为人所熟知的事件之一——彼得因奇迹的捕鱼场景而感到震撼，跪倒在耶稣面前，与安德烈一起发誓追随耶稣。

船上装满了各种各样的鱼。在他们身旁，渔夫们还在往船上拉回满载收获的渔网。

渔夫们的身体比例、多种多样的动物和湖面上倒映的景色无不体现着拉斐尔对自然主义手法的偏好。

由于能用于挂毯的颜色有限，拉斐尔在画草图时使用了蛋彩颜料，运用了清浅的色彩和大量的光影效果。

伦敦维多利亚和阿尔伯特博物馆

拉斐尔

《圣保罗在雅典布道》
1515—1516
黑色粉彩、蛋彩画（裱褙在画布上） 320×390 cm

在利奥十世所委托的挂毯系列中，拉斐尔描绘的是圣彼得和圣保罗的故事——《捕鱼神迹》《基督交付圣彼得天国钥匙》《圣保罗在雅典布道》《彼得医治瘸腿的人》《阿纳尼亚之死》《行省总督的皈依》《利斯特拉的祭献》。直到今天，我们仍会为这些画作极致的精细而感到震撼。拉斐尔首先绘制了画作的草图，随后将草图拼接起来，形成一张大的图纸。在过去的几个世纪中，它们被无数次临摹、舒展和卷起，为了方便运送到别国，它们还曾被对折起来过。在绘制草图的过程中，拉斐尔不得不镜像画图：在综丝编织加工的过程中，图纸总是在纺纱之下，图纸上的画作会被翻转过来。画作上的大部分空间并非以一根中心轴为基准而对称的，而是在大图纸上，从右到左，随着戏剧性的加强而推进，因此挂毯的阅读方向为从左到右推进。

在这张大图纸上，圣保罗被一小群听众包围着，布道的地方是雅典的阿勒奥博格斯山，这里是雅典最高法院的所在地。拉斐尔细致地描摹了背景中的建筑和神态各异的倾听者——有人投以困惑的目光，有人十分惊异，有人兴致盎然地聆听，有人热烈地讨论，这种细致的描绘立即吸引了我们的注意力。几个行人投来好奇的目光，圣徒的背后有三个男人正在聚精会神地聆听。其中，身体最强壮且没有蓄胡子的就是画作的委托人——利奥十世。利奥十世希望将自己放在圣保罗旁边，不仅是为了纪念圣保罗和圣彼得一同创立了教会，还想要强调自己在意识形态上与圣保罗十分亲近，凸显自己作为罗马教会守卫者的身份。

伦敦维多利亚和阿尔伯特博物馆

汉斯·弗雷德曼·德·弗里斯

威尔大床
1590—1600
雕漆镶板橡木制品　267×326×338 cm

它是英国家具史上著名的作品之一，这张床足足有 3.26 米宽（床的高度在 19 世纪被略微调低），正是它非同寻常的尺寸使它远远闻名。

这张床制作于 16 世纪的最后一个十年，原本是为赫特福德郡的威尔镇的一家旅馆而作，这家旅馆距离伦敦大约有 35 千米。制作这张床的本意或许是为了勾起旅行者的好奇心，招徕更多顾客。这张床在制作开始后就蜚声远近，连威廉·莎士比亚也在 1601 年上演的《第十二夜》中提及了这张床。这张床的尺寸经常被夸大，1732 年，有位作家曾扬言这张床能容纳足足 20 对伴侣。床的木质结构被精细地雕刻成树叶和茛力花的总状花序，这是英国文艺复兴时期的典型图案。床头和华盖上的人像都留有色彩的痕迹，或许它们原本是彩绘图案。床头的两块镶嵌工艺木板上带有建筑中的几何图案和几只天鹅，是 16 世纪活跃于伦敦的佛兰芒匠人和德国匠人的作品中的典型图案。

乔凡尼·洛伦佐·贝尼尼

《尼普顿与特里同》
1622—1623
大理石雕塑　高 182.2 cm

海神尼普顿站在一个贝壳的边缘，用力地挥动着三叉戟，他身体健硕，肩上只搭着一条披风。凌乱的头发、长长的胡须和凌厉的眼神使这座雕塑显得更具张力。在海神的双腿之下，他的儿子——半人半鱼的特里同探出了头，特里同的右臂挽着父亲的腿，鼓起两腮，用力吹响贝壳号角，让号角的响声传遍四方。这件作品原本位于委托人罗马别墅花园中一个巨大的椭圆形鱼池里。作品委托人是亚历山大·达玛谢尼·培莱蒂，即蒙塔尔托的红衣主教。蒙塔尔托是 17 世纪和 18 世纪罗马最著名的地点之一。

在创作这件作品时，贝尼尼刚满 20 岁，被同时代的人视为意大利颇具才华的雕塑家之一。1786 年，这座雕塑被英国艺术品商人托马斯·詹金斯买下，后来辗转到了画家乔舒亚·雷诺兹手中，经多次转手，于 1950 年被收入维多利亚和阿尔伯特博物馆。

路易·勒南

《骑士的休憩》
约 1640
布面油画　54.6×67.3 cm

这幅画因简约而打动我们。画中人物的朴素和贫穷既没有被掩饰，也没有被突出，而是被实事求是地呈现了出来。

作品创作于17世纪上半叶，当时正值巴洛克绘画的全面繁盛时期，但这幅作品却与巴洛克典型的宏大语汇相去甚远，它关注社会中的最底层，更贴近卡拉瓦乔式的诗学。路易·勒南选择呈现一个贫苦的家庭，并以诗意的方式为我们刻画了穿着破烂却拥有姣好面容的孩子们。在孩子们身边，一个女人微笑着，她脸颊泛红，头上顶着一个容器。近景处坐着一个骑士，他穿着一件破旧的披风，望向我们，仿佛我们打扰了他们的休憩。画面中央有一个年轻人正吹着笛子。在背景中，我们可以隐约地看见一个村落和覆盖着天空的稠云。路易·勒南和他的两个兄弟——安东尼·勒南和马修·勒南同为画家，一直到19世纪上半叶，他们对乡村生活的庄重呈现在法国绘画中可谓是独树一帜。

伦敦维多利亚和阿尔伯特博物馆

伦敦维多利亚和阿尔伯特博物馆

约翰·米歇尔·莱丝布莱克
《桑那》
约 1728—1730
波特兰石雕像　高 88.3 cm

1728 年至 1730 年间，佛兰芒雕塑家莱丝布莱克用波特兰石创作了七座雕塑，刻画了七位撒克逊神祇，每位神祇都代表着一个星期中的一天。桑那代表的是星期日，也就是太阳的日子。他手捧炽热的轮盘，用以纪念运载太阳的轮车，头部被光芒包围，骄傲地看向左侧。

科巴姆勋爵在白金汉郡有一座斯陀园，这七座雕像便是为斯陀园而作的，它们原本被放置在哥特自由神殿中，直到 1921 年才被陆续出售。不过其中的桑那雕像杳无音讯，直到 1996 年才重现于世。雕像刻画的撒克逊神祇象征着科巴姆勋爵对辉格党政治理想的忠诚。这件作品的创作似乎用时很短，细节也不够精致，然而，我们不能忽略一点：长期的风吹日晒磨光了它的表面，抹去了莱丝布莱克所做的最后润色。

伦敦维多利亚和阿尔伯特博物馆

托马斯·庚斯博罗

《约翰·普林肖像》
约 1770—1780
布面油画　75.2×63.5 cm

尽管庚斯博罗曾经偏爱画风景，但他很快就放下了对风景画的钟爱，转向了画肖像，而且画肖像的收入也更为可观。庚斯博罗凭借肖像画的创作取得了巨大的成功，成为 18 世纪最受英国贵族圈欢迎的肖像画家之一。

约翰·普林是东印度公司伦敦商人公司的领导者，1772 年起担任英国议会议员。这位著名商人的半身肖像被置于一个较暗的椭圆形之中，庄重感油然而生。画面的布局极为典雅，与画中人因得知自己已身居要位而略微高傲的态度相契合。庚斯博罗给予画中人柔软的面庞充分的修饰，笔触清晰地勾勒出他的每一根发丝。艺术家对画中人物的着装也极为关注，衬衣上透明的花边和马甲皮革的金色反光均被一丝不苟地呈现了出来。庚斯博罗是一个布料富商的儿子，从小就对布料兴趣很浓，在他的仔细描摹下，画中人外衣的剪裁更加突出，质地也更加鲜明。这就是庚斯博罗的绘画技法，他的绘画技法与洞察人物心理的能力相得益彰，使他深受委托人青睐。

伦敦维多利亚和阿尔伯特博物馆

安东尼奥·卡诺瓦

《忒修斯和米诺陶洛斯》
1782
大理石雕塑　145.4×158.7cm

博学多识的威尼斯共和国驻罗马大使吉罗拉莫·祖利安极其信任卡诺瓦的能力，他委托卡诺瓦设计一座雕像，并允许他自由选择主题。卡诺瓦受奥维德作品的启发，决定呈现忒修斯在代达罗斯迷宫战胜怪兽的神话。

卡诺瓦原本计划呈现出战斗中的忒修斯，在放弃了这一计划后，他决定刻画忒修斯获得胜利后席地而坐的休息姿态，这件作品象征着人类的智慧和勇气终将制服动物的残暴。温克尔曼曾赞扬古代的雕塑作品拥有"高贵的单纯和静穆的伟大"，根据温克尔曼提出的希腊艺术理念，这件雕塑还象征着意识之于物质的胜利。

这座绝美的大理石雕塑宛如奇迹，体现着古典杰作的精神，作品的灵感来自卡诺瓦在那些年中研究过的静坐的神祇形象，如《静坐的墨丘利》（那不勒斯国家考古博物馆）和《战神路德维希》（罗马阿尔腾普斯宫）。米诺陶洛斯的形象似乎是源自庞贝的一幅湿壁画，卡诺瓦曾于1780年到访那不勒斯，或许是在参观埃尔科拉诺和庞贝遗址时看到这幅湿壁画的。卡诺瓦对古代作品的理解力超强，他逐渐放弃了自然主义的创作形态，转而采取简约且理想化的形态，正如米诺陶洛斯的躯体所呈现的那样——卡诺瓦并没有遵循一些人的提议，展现全身被皮毛覆盖的米诺陶洛斯，而是大胆地采用了透视法，突出作品的体积，形成巨大的张力。

伦敦维多利亚和阿尔伯特博物馆

杰作解析

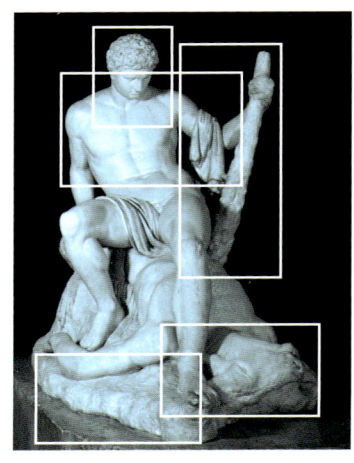

这座雕塑呈现了忒修斯的神话故事,忒修斯是一位雅典的英雄,他在阿里阿德涅的帮助下穿过了克里特的迷宫,成功杀死了被关在迷宫中的米诺陶洛斯。

英雄忒修斯的胜利象征着理性之于兽性的胜利,激烈的战斗平息后,他手扶一根棍子,坐在怪兽身上。

米诺陶洛斯身体舒展,躺在一块岩石上,岩石上有一根长长的线,这是来自阿里阿德涅的赠礼,正是这件赠礼助忒修斯走出迷宫。

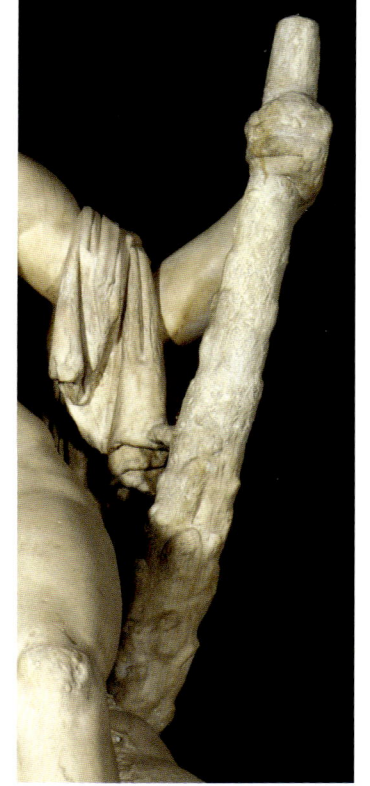

忒修斯和米诺陶洛斯的身体表面都十分光滑，颇具自然主义风格，而岩石的表面则十分粗糙。

作品结构简单，布局的几何特征和表面柔和的线条营造了一种宁静的氛围。

这件白色大理石作品造型协调，表面光滑，令人联想到唯美的古希腊雕塑。

托马斯·庚斯博罗

《带有帆船、划艇和沙滩人物的海岸景色》
约 1783
玻璃油画　27.9×33.7 cm

为了尝试新的光效，庚斯博罗选择以玻璃为画板。随着透明玻璃板背后光源的变化，画作的映像也会随之改变，天空呈现出深浅各异的白色和灰色。水面浅浅的波纹是一笔一笔画成的，这也是庚斯博罗创作的特点。

作品创作的精细程度和对新成果的追求凸显了庚斯博罗对风景画的偏爱，表明他深受 17 世纪荷兰画家的启发。

这是一幅大型油画的前身，这幅大型油画曾在 1783 年在英国皇家美术学院展出，如今保存在墨尔本的维多利亚国家美术馆。在定下终稿时，庚斯博罗决定颠倒画面的布局，减少画中船只的数量。

伦敦维多利亚和阿尔伯特博物馆

约翰·康斯太勃尔

《斯陶尔河谷和远处的德德罕》
约 1800
纸上油画（转移到画布上） 49.8×60 cm

约翰·康斯太勃尔的创作始于当时风靡一时的风景题材，随后他渐渐放下风景画，开始深入研究和分析大自然在不同时刻中的变化，形成了富有诗意的绘画风格。他画中的大自然能使观众身临其境，像画中的人物一样，找到一种与自然共生的和谐感，这种生命力标志着自然主义的开端。事实上，对康斯太勃尔而言，自然就如同象形文字，在研究自然时，应有足够的关注和投入，才能确保人能在情绪和情感上真切地融入周遭的世界。

在我们眼前展现的是斯陶尔河谷的全景。在近景中，圣玛丽斯特拉福德桥将萨福克郡和埃塞克斯郡分隔开来，萨福克郡正是康斯太勃尔的出生地。在远处，我们可以看到小城德德罕，教堂高耸的钟楼赫然独立。康斯太勃尔曾多次描摹过这番风景，每个版本中的地点都清晰可辨。康斯太勃尔从不赋予眼前的风景理想化的色彩，也不使用虚构的想象，而是精确地再现了这片他深深依恋的土地。他的每一幅作品都要经过多次调整，根据自然在不同季节和一天的时刻中的生动变化多次修改作品。这幅作品也不例外，康斯太勃尔对光线的处理和对风景中自然事物细微差别的呈现都是他室外风景研究的成果。对于康斯太勃尔而言，作画就是研究眼前的事物，并将自己观察到的内容搬上画布。

伦敦维多利亚和阿尔伯特博物馆

约翰·康斯太勃尔
《弗拉特福德磨坊的造船坊》
1815
布面油画　50.8×61.6 cm

康斯太勃尔来自萨福克郡，他总是对自己童年的宁静风景充满了眷恋，童年的景色也成为他绘画作品中常见的主题之一。尽管后来他迁居伦敦，但为了临摹他出生的村庄、大山谷和斯陶尔河，他仍然时常返回故乡，尤其是在夏天。1815年5月，母亲去世后，康斯太勃尔曾回到萨福克郡；同年7月至12月，由于父亲身患重病，他再次回到了这里。

从最初的风景画开始，康斯太勃尔就逐渐远离并非直接研究自然的画作类型。如果说这幅作品中安详宁静的氛围仍然是康斯太勃尔推崇备至的克洛德·洛兰的风格，那么令人辨认出萨福克郡乡村景象的清新色彩则标志着康斯太勃尔对先前绘画传统的告别。在这一时期，康斯太勃尔创作了生机盎然的明丽风景，画中人为了生存而劳作，呈现出一片宁静祥和。这一时期，他还开始利用油画的技法研究实物、绘制草图，并取得了丰硕的成果。《弗拉特福德磨坊的造船坊》是直接在取景地完成的，在创作这幅画时，康斯太勃尔第一次在草图上完成了定稿。这艘建造中的大船与画作对角线的方向一致，是整幅作品的核心元素。与康斯太勃尔惯常的风格相比，这艘船细节的精致程度有过之而无不及。画作的焦点集中在第二层上，在约翰·康斯太勃尔看来，远处奔腾的河流和树木才是这幅画真正的主角。

伦敦维多利亚和阿尔伯特博物馆

杰作解析

在这幅画中,康斯太勃尔呈现的是斯陶尔河沿岸的盆地,其中,他父亲的一艘船正在建造中。

画中的驳船将作坊磨好的面粉运往伦敦,作坊就在不远处。

这是一个温热的夏日傍晚,尽管通常被视为冷色的灰色和不同色调的绿色占据了大幅画面,但康斯太勃尔还是营造出了炎热的氛围,并传达出一种平静与安宁的氛围。

一条狗在草丛中休息,一个孩子正沉浸在游戏中。

康斯太勃尔对建造中的船只细节的兴趣并不亚于他对风景描摹的关注。

在近景中,与大船一同出现的还有一些散落的器械和工具——两把锄头和两口大锅,其中一口锅中正煮着沥青。

布满白纹的灰色天空、树木的叶子和消失在远处的田野都表明,画家在完成这幅作品时进行了长时间的户外研究。

伦敦维多利亚和阿尔伯特博物馆

约翰·康斯太勃尔

《云彩研究》
1822
纸上油画　29.8×48.3 cm

在 19 世纪 20 年代初期，康斯太勃尔专注于研究云彩以及天空中颜色、光线和形态之间多变的关系，并绘制了大量的素描、草图和速写。云彩系列作品充分证明了康斯太勃尔对不同天气状态下的天空的关注。

这些研究大多是在 1821 年至 1822 年间进行的，康斯太勃尔虽然记录了临摹的日期和时刻，但从未对临摹的对象进行真正的分类，他感兴趣的是观察和彻底了解光线在不同时刻的变化。云彩研究体现了他的绘画方式——研究自然，细致地呈现了自然的变化，甚至是那些发生在同一天当中的变化。这幅《云彩研究》的背面不仅有精确的日期——1822 年 9 月 5 日，还有一段注释。康斯太勃尔写道："正午时刻，望向东南。强风吹拂，天空光亮，颜色鲜明。云彩速移，时见蓝天。"康斯太勃尔大约进行了 50 次云彩研究，每一次都附有这类说明。

伦敦维多利亚和阿尔伯特博物馆

约瑟夫·马洛德·威廉·透纳

《考斯城堡东面》
1827—1828
布面油画 91.4×123.2 cm

　　站在这张画布面前,我们似乎难以相信,透纳偏爱的主题竟然是大自然雄壮却可怕的面貌——在这样的大自然前,人类时常显得软弱无力,这幅画与透纳惯用的戏剧性色调相去甚远,宁静的氛围笼罩着怀特岛上举行的皇家游艇俱乐部划船比赛。太阳在天空中高悬着,被一片轻云遮蔽,阳光倒映在水面上,形成了无数的光斑。海面上遍布着浅浅的波纹,停满了舟艇和帆船。在海岸上,许多人正在观看比赛。

　　背景中可以窥见考斯城堡的东面,这幅画便是以城堡的名字命名的。透纳的这幅作品是为建筑师约翰·纳什而作,纳什正是考斯城堡的设计者和主人。这幅画深得同时代人的无限崇拜,很快就被认为是透纳的杰作之一。

伦敦维多利亚和阿尔伯特博物馆

伦敦维多利亚和阿尔伯特博物馆

约瑟夫·马洛德·威廉·透纳

《救生艇营救被曼比迫击炮困住的战船》
约 1831
布面油画　91.4×122 cm

自 19 世纪 20 年代，透纳就将关注的焦点放在了光效上，渐渐地放下了对实物的单纯呈现和描摹，转而开始研究色调的变化。在透纳这一时期的作品中，其形状的轮廓线越来越少，取而代之的是稍纵即逝的色块。在透纳创作成熟期的作品中，这种绘画的自由愈发明显，大量色块在渐强的视觉效果中消解了形状。

在这幅画中，云、雨、浪在暴风雨中从海面上升起。经过浸满水汽的空气的过滤，光线变得迷离朦胧。透纳呈现的海难退居画面的第二层，光效和天气效果成了这幅画真正的主角。在风暴中，遇险的战船在乌云和大海之间，模糊难辨。甲板上的迫击炮射出了一束光线，正是凭借这束光线，我们得以隐约地看见船的剪影，战船引起了地面上的人的注意，一艘救生艇正准备去营救它。海岸上，一个妇女和两个孩子注视着救生艇的操作。这幅画曾展出于皇家美术学院（透纳曾是皇家美术学会的一员），随后，约翰·希普尚克斯将它捐赠给了维多利亚和阿尔伯特博物馆。

伦敦维多利亚和阿尔伯特博物馆

保罗·希波利特·德拉罗什

《圣赛西莉娅》
1836
布面油画　205.7×162.5 cm

在游览意大利时，德拉罗什受到祭坛画的启发，创作了他早期的一件宗教题材的杰作。圣赛西莉娅是音乐的主保圣人，她坐在一个几何图形镶嵌工艺装饰的宝座上，望向天空，正欲演奏两位天使抬着的手风琴。女圣人身着一袭简约的白衣，袖口和披风边缘有着精致的装饰，披风的里衬则是绿色的。她脖子上戴着一枚金质的十字架，头发盘成一个精致的发髻。德拉罗什对圣赛西莉娅的鹅蛋脸和天使们精致面容的刻画受到了以往意大利绘画大师的启发，尤其是拉斐尔。无论是地板、宝座和大理石砌面的镶嵌工艺，还是天空中的云朵，德拉罗什都忠实地再现了每一个细节。德拉罗什绘画的精细尤其见于天使翅膀上的羽毛和衣服上的褶皱，画中理想化视角和细部的精致刻画均反映了德拉罗什作为新古典主义倡导者的品位。

画中圣赛西莉娅的原型是路易丝·韦尔内，罗马法兰西学院领导、画家霍拉斯·韦尔内的女儿，她也是德拉罗什的妻子。德拉罗什和路易丝·韦尔内的婚礼正是在罗马圣王路易堂内的塞西莉娅祈祷堂举行的。

伦敦维多利亚和阿尔伯特博物馆

约翰·埃弗里特·米莱斯
《皮泽洛俘虏秘鲁的印加国王》
1846
布面油画　128.3×171.7cm

　　米莱斯选择呈现的事件显然不是艺术史上的经典题材。在画面中央，我们可以看到西班牙的征服者弗朗西斯科·皮泽洛在士兵们的帮助下，俘虏了印加国王阿塔瓦尔帕。在他们周围混乱骚动的人群中，西班牙人大肆屠杀着印加人，永远地毁灭了他们的文明。在左侧，神父文森特·德·巴尔韦德朝着太阳举起了十字架，标志着天主教对印加文化的征服。一束光将焦点移到了画作的中央，使右侧的打斗场面变得晦暗不明。

　　这一事件发生于1532年的卡哈马卡，米莱斯在剧院看到这一事件的表演后，决定将它搬上画布。其中一名主演是米莱斯的朋友，他饰演的正是皮泽洛。米莱斯的这幅作品创作于前拉斐尔派成立的前夕，呈现着抒情的风格和戏剧般的张力，让我们仿佛置身于剧院之中。

伦敦维多利亚和阿尔伯特博物馆

古斯塔夫·勒·格雷
《大浪》
1857
用两张火胶棉底片转印得到的蛋白相片

古斯塔夫·勒·格雷被视为图画主义的先驱。图画主义诞生于19世纪末，是为摄影正名而发起的运动。在当时，摄影仅仅被视为一种机械生产图像的简单过程。为了使摄影能与绘画这种伟大的艺术相媲美，就必须使摄影图像尽可能地接近图画，要最大限度地表现摄影师的技艺，而不是仅利用相机镜头本身的表现能力。自19世纪50年代中期，格雷就致力于拍摄海景，尤其是诺曼底、布列塔尼和地中海的海景。格雷利用一种技法实现了复合印刷，即在同一张底片上印刷同一物体在不同时刻的影像，使最重要的细节得以重现，形成十分动人的图像。

《大浪》正是依托这种技法摄制成的著名的照片之一。白天的取景捕捉到了海岸和海洋的图像，黄昏的取景则得到了云彩和天空的美丽图像。1857年，古斯塔夫·勒·格雷在法国展出了他的摄影作品，立即得到了评论界的赞誉，《摄影杂志》写道："这一次，格雷突破了界限，我们毫不吃惊地看到，这些令人震撼的摄影作品如此成功，以至于它们的作者已经从大量的订单中获得了五万多法郎。"

约翰·吉布森

《潘多拉》
约 1860
大理石雕像　高 173 cm

在希腊神话中,潘多拉魔盒里装着所有的邪恶,当潘多拉打开魔盒时,所有的邪恶便充斥了整个世界。这个魔盒是宙斯送给潘多拉的礼物,宙斯曾叮嘱她不要打开。然而,在好奇心的强烈驱使下,潘多拉违背了宙斯的命令,打开了魔盒,放出了几乎所有的邪恶,只将希望留在盒底。

约翰·吉布森的潘多拉正要打开魔盒,她似乎预感到了自己和整个人类即将遭遇的不幸。她富有古典美的面庞上表情凝重,目光投向低处,一只手即将揭开盖子。作为维多利亚时期英国最伟大的新古典主义艺术家,吉布森的这座雕塑上不乏卡诺瓦和托瓦尔森的影子(托瓦尔森是一位长期活跃在罗马的丹麦雕塑家)。吉布森来自威尔士,曾在利物浦接受基础的艺术教育,他在 1817 年到达罗马,在这座城市中被卡诺瓦发现。卡诺瓦成了吉布森的指导老师,并帮助他与其他艺术家和重要的委托人建立关系。因此,尽管吉布森在永恒之城罗马度过了生命的大部分时光,极少回到英国,但他却常常接到英国贵族的委托——他们会在游览意大利时委托吉布森完成一些作品。这件雕塑也不例外,起初这件作品是为威灵顿公爵构思的,后来却被玛丽安·阿尔福德夫人买下。

伦敦维多利亚和阿尔伯特博物馆

埃德加·德加

《梅耶贝尔歌剧〈恶魔罗勃〉的舞会场景》
1876
布面油画　76.6×81.3 cm

德加十分擅长将现实和幻想并列去摹写歌剧世界，他着迷于音乐家的动作和乐器的分解，醉心于大胆的构图和炫目的舞台灯光。

这幅画描绘的是贾科莫·梅耶贝尔的浪漫歌剧《恶魔罗勃》的第三幕。在这一幕中，死去的修女们在修道院院长的带领下进入墓穴，跳起一支有关古代酒神节的舞。这一场景的视觉起点位于乐队席后方，在观众席的前排，我们还可以辨认出德加的一些朋友。这种构图在德加的作品中相当经典，曾多次出现在一些剧院主题的作品中，收藏在巴黎奥赛美术馆的《歌剧院的管弦乐队》就是一例。德加拥有出类拔萃的才能，他受到写实主义的感召，在截取的当代生活片段上进行了一次极其敏锐的尝试。这幅画构图大胆，透视视角失真，营造了一个封闭的空间，在一定程度上受到了日本印刷画和摄影的影响。德加的意图十分明显，他想像快速摄影一样锁定转瞬即逝的动作。画作构图的不完整性表达了生命流逝的动感，使生命不仅仅局限在画布的空间里。

杰作解析

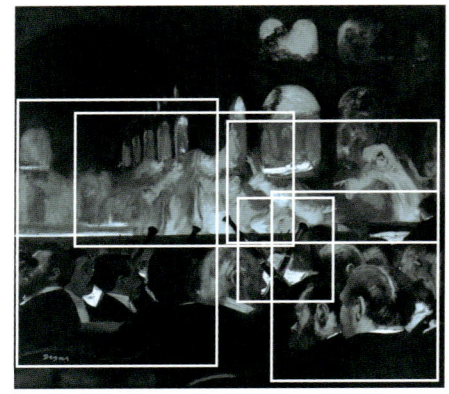

德加选择了一个特别低的视角，使我们置身于剧院的观众之间。

我们位于前排，就在管弦乐队的背后。我们身边坐着画家的朋友们，他们的肖像体现出画家惯常的写实风格，例如画面最右侧人物根根分明的头发。

舞台上上演着歌剧《恶魔罗勃》，此时，修女们的"灵魂"出现了。这些修女在世时曾违背自己立下的誓愿。

110　伦敦维多利亚和阿尔伯特博物馆

舞者夸张的动作在德加作品中经常出现，这些动作由快速而含混的彩色笔触组成，画中的轮廓也因此变得朦胧。

舞台被多处光源照亮，展示了德加对光效的兴趣。

画面的构图使人想起照片，如同随意摁下快门而得到的画面，这一点也赋予了作品强烈的现代感。

伦敦维多利亚和阿尔伯特博物馆

但丁·加百利·罗塞蒂

《白日梦》
1880
布面油画　158.7×92.7 cm

简·莫里斯坐在埃及榕树丛之间,她身上的深色外衣使人想起文艺复兴时期的服装,她的左臂放在膝盖上,上面有一本翻开的书。她细长的指间轻轻捻着一根香忍冬枝条,象征着爱情的缠结。简是画家威廉·莫里斯的妻子、罗塞蒂的情人,时常充当罗塞蒂的模特。画中的女子浮想联翩,沉浸在自然之中,这是罗塞蒂艺术作品中的理想形象。罗塞蒂在这类作品中重现了那个天使般的女子云集的时代,将怀念和崇敬之情寄托在作品之中。这幅画的标题则是受到了画家本人所写的一首十四行诗的启发。

这件作品来自康斯坦丁·亚历山大·尤尼德斯1901年捐赠给博物馆的收藏。尤尼德斯一生收集了80多幅画,他尤其关注同时代的画家,并且与其中一些画家交往甚密。

伦敦维多利亚和阿尔伯特博物馆

维克多·弗里德里希·霍恩洛厄（也称格莱兴伯爵）

《维多利亚女王半身像》
1888
大理石雕像　85×58cm

维多利亚女王王室风范十足，她正微微地将目光转向观众。她头上戴着象征权力的王冠，一张头纱覆盖着她的发髻。作者在运用彰显维多利亚女王地位的标志性物件时似乎毫不吝啬。这座半身像被蝴蝶结系起的月桂花环围绕，女王左肩上覆盖着英国最古老的骑士勋位奖章——嘉德勋章。嘉德勋章之上还别着维多利亚和阿尔伯特的皇家勋章，这是维多利亚女王在1862年设立的女性骑士勋位。此外，女王身上还别着皇家红十字会的徽章，她在1883年创立了皇家红十字会徽章，目的是表彰拥有杰出表现的军队医护人员。

这件雕塑的作者是格莱兴伯爵，他的母亲是维多利亚女王同母异父的姐姐，也是19世纪雕塑的狂热爱好者。格莱兴伯爵尤其关注衣服和头纱的细节，以及月桂王冠每一片叶子的处理。然而，这件雕塑最可圈可点的部分却是女王的面庞，透过她的面庞，格莱兴伯爵向我们传达出维多利亚女王身上强烈的庄严感。作品的正式委托动机尚不明确。1963年，维多利亚和阿尔伯特博物馆购入了这座半身像。

查尔斯·雷尼·麦金托什

壁炉
约 1904
铁、陶瓷制品　173.5 × 163 cm

1896 年至 1917 年间，麦金托什作为负责人，设计了一系列茶室，这些茶室的经营者是凯瑟琳·克兰斯顿——格拉斯哥一个茶叶商人的女儿，也是禁酒运动的支持者。克兰斯顿小姐请麦金托什为四个茶室进行了室内设计，让人们能在这里会面和放松，饮用无酒精饮料。

这个壁炉是为位于格拉斯哥梭希霍尔街 217 号的柳茶室设计的。我们几乎可以把这个壁炉视为麦金托什创作理念的一个缩影。这位苏格兰设计师从几何图形中获得了灵感，创作了一件十分简约的作品。作品的突出特点是垂直放置的细锻铁配饰，黑色的过梁清晰地勾勒出壁炉的轮廓，白色和蓝色的砖块、带有白色椭圆形的铁栅栏是壁炉唯一的装饰。这一简约的物件就是麦金托什朴实品位的写照，他倾向于将装饰简化为简单的几何图案，以黑白为主色，辅以少量其他的原色。

伦敦维多利亚和阿尔伯特博物馆

传 记

艺术家生平

安德烈·马尔赛·德·萨斯

（活跃于 1393 年—1410 年后）

德·萨斯是一位德国画家，一些保存在瓦伦西亚的文献将他描述成"大师马尔赛·德·萨斯，日耳曼画家"，倘若这些文献可信，那么他也许来自萨克森。自 1393 年，德·萨斯便活跃于西班牙的一些城市中，同佩德罗·尼克劳共同绘制了圣贾科莫和圣阿格达团体委托的一些画作，尽管这些画作最终遗失了。但德·萨斯在短时间内便成了瓦伦西亚最重要的画家之一，收到了无数来自达官显贵的委托。他唯一一件保存至今的作品是一幅以"圣托马斯的怀疑"为主题的屏画，这幅屏画原本是与城市主教堂同名的祈祷堂中祭坛装饰画的一部分。在艺术批评界，《圣乔治多联画》（约 1400—1425，伦敦，维多利亚和阿尔伯特博物馆）是否为德·萨斯的作品是一个至今仍然颇具争议的话题，部分学者认为德·萨斯至少参与了这幅画屏的创作。

洛伦佐·吉贝尔蒂

（佛罗伦萨，1378 年—1455 年）

吉贝尔蒂曾是一个金银匠学徒，据他本人回忆，他在 1400 年离开佛罗伦萨，随后曾在佩萨罗当过画家。重归故土后，他参加了 1401 年佛罗伦萨洗礼堂北门的设计比赛，创作了以《伊萨克的献祭》为主题的镶门（佛罗伦萨巴尔杰洛博物馆）。吉贝尔蒂赢得了比赛，获得了洗礼堂北门的雕刻委托，这件作品直到 1424 年才完成。洗礼堂北门共有二十块刻着《新约》故事的隔板和八块刻画福音书作者和教皇的镶板。这一时期，吉贝尔蒂还为佛罗伦萨最重要的工场之一工作，他曾为圣弥额尔教堂外的壁龛雕刻了铜像《浸礼会教友圣乔万尼》（1414）、《圣马代奥》（1420）和《圣斯蒂芬》（1427—1428）。1424 年，他游览了威尼斯，大约在 1430 年，他又游览了罗马。吉贝尔蒂为锡耶纳的洗礼盘雕刻了浮雕《耶稣洗礼》和《希律王面前的施洗者》，这一系列浮雕完工于 1427 年。自 1425 年，吉贝尔蒂还被委托装饰佛罗伦萨洗礼堂的第三扇门，这扇门后来被称为"天堂之门"，直到 1452 年才完工，门上描绘的《旧约》故事，分散在 10 块镶板上。在这些年中，他仍为佛罗伦萨主教堂的慈善会服务，并完成了三位殉道者的石棺（1428，佛罗伦萨，巴杰罗博物馆）和圣赞诺比的石棺（1442）。在生命的最后几年中，吉贝尔蒂写下了三卷本的《回忆录》，这部日记体的作品中蕴藏着吉贝尔蒂的历史论述、生平回忆和关于艺术的理论思考。

多纳托·迪·尼科洛·迪·贝托·巴尔迪，亦称为多纳泰罗

（佛罗伦萨，1386 年—1466 年）

1404 年至 1407 年，多纳泰罗作为洛伦佐·吉贝尔蒂的助手参与了佛罗伦萨洗礼堂北门的装饰创作。但从 1408 年起，他开始独立为大教堂财产管理委员会工作，创作了现收藏于佛罗伦萨巴尔杰洛博物馆的大理石雕塑《大卫》，以及现收藏于圣母百花大教堂博物馆的《施洗者圣约翰正面像》。1411 年，他开始为佛罗伦萨圣弥额尔教堂工作，创作了雕塑《圣马可像》《圣乔治像》（约为 1417）及《圣卢多维科像》（约 1420，现收藏于佛罗伦萨圣十字博物馆）。在这些年里，他还为乔托钟楼创作了五座雕像（1415—1436），分别是《无胡须的先知》

《有胡须的先知》《以撒的牺牲》《哈巴古》及《耶利米》。1425年至1433年，多纳泰罗与米凯洛佐共同创作了一系列的作品，其中包括位于佛罗伦萨洗礼堂的伪教皇约翰二十三世的陵墓，位于那不勒斯尼罗河天神堂内的布兰卡契红衣主教的陵墓以及普拉托大教堂外侧布道坛（1428—1438）。大约在1425年，他创作完成了锡耶纳洗礼堂圣洗池上的浮雕《希律王的宴会》及两座隐喻"信仰"及"希望"的雕塑。1430年至1432年间，在罗马为圣彼得大教堂中创作了圣体龛。回到佛罗伦萨以后，多纳泰罗开始了一段高产的创作期：在为圣母百花大教堂负责唱诗台装饰（1433—1439）期间，他为圣十字大教堂卡瓦尔坎蒂祭坛创作了浮雕《圣母领报》（约为1435）。随后，多纳泰罗为圣洛伦佐教堂的旧圣器室内部做了装饰（约1437—1443），为威尼斯圣方济会荣耀圣母教堂创作了施洗者圣约翰木质雕像（1438），并于1440年前后创作了现收藏于巴尔杰洛博物馆的青铜雕塑《大卫》。1443年，多纳泰罗前往帕多瓦，在那里生活了近10年，受托创作了加塔梅拉塔的骑马像，又为圣人洗礼堂的主祭坛（位于圣安东尼奥大教堂内）创作了青铜雕塑《圣母子与六圣人》（方济各、安东尼奥、朱斯蒂娜、丹尼尔、卢多维科和普罗斯多奇莫）以及讲述圣安东尼奥的神迹的四块浮雕。现如今很难说清楚这个祭坛的构成，因为我们所见的并非原版，而是现代重修的。1454年底，多纳泰罗再次返回佛罗伦萨，为美第奇宫创作了一组青铜雕塑《朱迪斯与霍洛芬尼斯》（1455—1460），后安置于领主广场，如今陈列于韦奇奥宫；为洗礼堂创作了木雕《抹大拉的玛利亚》（1453—1455，圣母百花大教堂博物馆）；为锡耶纳大教堂创作了雕塑《施洗者圣约翰》（1455）。

他最后接受的委托是为圣洛伦佐教堂的布道坛制作两个青铜雕塑，但也许这组作品最终是由他的助手们在他去世后完成的。

安东尼奥·罗塞利诺

（塞蒂尼亚诺，1427年—佛罗伦萨，1478年—1481年）

安东尼奥·罗塞利诺初入艺术界时，是在自己的兄弟贝纳多身边开展活动的，无论是雕刻位于弗利的福者马可利诺的墓冢，还是佛罗伦萨圣神大殿内的纳里·卡波尼的坟墓时，他都得到了贝纳多的协助。罗塞利诺独立完成的作品中，最重要的是位于圣米尼亚托阿尔蒙特教堂的葡萄牙红衣主教的墓碑，这件作品完成于1459年，最大限度地完善了贝纳多在圣心教堂完成的葡萄牙红衣主教莱昂纳多·布鲁尼的墓碑。安东尼奥的大理石雕像《圣塞巴斯蒂安》受到古典作品的启发，精巧别致，被放置在巨大的木质祭坛中央，原本位于恩波利的非主教教堂，现收藏于维多利亚和阿尔伯特博物馆中。在同龄的雕塑家中，安东尼奥在半身像肖像雕塑领域也是技艺超群，1456年完成的圣米尼亚托的乔瓦尼·迪·安东尼奥·科里尼半身像（伦敦维多利亚和阿尔伯特美术馆）就是范例之一。此外，人文主义者马泰奥·帕尔米耶里的半身像（1468）也是证明安东尼奥精于刻画人物面容和表情的典范之作。15世纪70年代，安东尼奥也活跃于普拉托、费拉拉和那不勒斯等佛罗伦萨之外的城市，雕刻了玛利亚·迪·阿拉贡那的墓冢和《耶稣降生》，这两件作品均藏于伦巴第的圣安娜教堂的皮科洛米尼祈祷堂内。

卡洛·克里韦利

（威尼斯，1430 年至 1435 年——阿斯科利皮切诺，1494 年至 1500 年）

我们无从了解卡洛·克里韦利的教育经历，或许他曾得到过雅克布·贝利尼的教导。1457 年，他被指控通奸，从文献中可以发现，那时克里韦利已经是一位独立的艺术家了。克里韦利第一件署名的作品藏于维罗纳的卡斯泰尔韦基奥古堡博物馆，名为《圣母受难》（约 1460）。这件作品展示了帕多瓦地区的艺术风格和弗朗切斯科·斯夸尔乔内工作室的风格，克里韦利曾在扎拉待了几年。此后，他在 1468 年迁居马尔凯，在那里完成了马萨费尔马纳圣西尔韦斯特罗教堂的多联画。或许是从 1469 年起，他就定居阿斯科利皮切诺。1470 年，克里韦利完成了圣乔治港多联画（散落在多座博物馆，中央的画板现位于华盛顿国家美术馆）；此后不久，位于费尔莫的蒙泰菲奥雷德拉索圣方济各教堂的多联画也正式完成，这件作品后被拆解，现存于蒙特菲奥雷德拉索的圣露琪亚教堂。1473 年，克里韦利完成了阿斯科利皮切诺主教堂的多联画，这件作品至今仍存于其最初的位置——圣礼祈祷堂。据阿斯科利圣多明尼哥教堂的文献记载，1476 年的两幅多联画的大部分画板现存于伦敦的英国国家美术馆。此外，伦敦的英国国家美术馆还藏有克里韦利 1486 年为阿斯科利圣母领报教堂画的《圣母领报》。克里韦利创作生涯中最后的作品有卡麦里诺主教堂的多联画，位于中央的画板被称为《坎代莱塔的圣母》（约 1488—1490），现存于米兰布雷拉美术馆；此外，还有 1493 年为法布里亚诺的圣方济各教堂所做的《圣母加冕》（米兰，布雷拉美术馆）。

拉斐尔·桑西

（乌尔比诺，1483 年—罗马，1520 年）

拉斐尔的父亲是画家乔万尼·桑西，他父亲位于乌尔比诺的工作室的生意蒸蒸日上，拉斐尔的艺术启蒙教育就是在这里完成的。据记载，1500 年，拉斐尔已经成为卡斯泰洛城的艺术大师，他在这座城市一直工作到 1504 年。这一年也是圣方济各教堂的《圣母的婚礼》完成的年份，这幅作品除了与乌尔比诺的艺术环境有着紧密的关联外，与佩鲁吉诺的风格亦十分相似，该作品现存于米兰的布雷拉美术馆。1504 年，拉斐尔为了向艺术大师求教而前往佛罗伦萨，正如他本人在一封信中写的：佛罗伦萨的环境对他产生了巨大的影响，也是在佛罗伦萨，他观摩了达·芬奇和米开朗琪罗的作品。拉斐尔与米开朗琪罗的联系尤其见于《耶稣被解下十字架》（1507，罗马，博尔盖塞美术馆），而他在氛围上的细腻表达与达·芬奇之间的关联则在《带金莺的圣母》（1506，维也纳，艺术史博物馆）或是肖像画《阿尼奥洛·多尼》和《玛达莱娜·斯特罗齐·多尼的画像》（约 1506，佛罗伦萨，帕拉提那美术馆）中得到了印证。大约在 1505 年至 1506 年间，拉斐尔画了《圣母、圣子与圣乔瓦尼诺》，亦称《金翅雀圣母》，现存于佛罗伦萨乌菲齐画廊。1508 年末，拉斐尔离开佛罗伦萨，被召往罗马参与装饰儒略二世的新寓所，拉斐尔在那赢得了其他受邀艺术家的敬佩，这些艺术家都来自意大利的不同中心城市。1508 年至 1511 年间，在得到"署名室"的全权指挥权后，拉斐尔根据教义对圣像绘制计划的规定，绘制了《圣体的争论》《雅典学院》《帕纳索斯山》及《三大德性》。

随后，1511年至1514年间，已经成为一整间工作室领导的拉斐尔完成了"艾略多罗室"的装饰，这间房间的装饰描绘的是与教皇和教会相关的故事——《希略多拉斯的放逐》《解救圣彼得出狱》《利奥一世和阿提拉的会面》《博尔塞纳的奇迹》。在这些年中，拉斐尔还绘制了他艺术生涯中最具代表性的一些肖像画，如儒略二世的两幅肖像画（均作于1511年至1512年间；伦敦，英国国家美术馆；佛罗伦萨，乌菲齐画廊），又如巴尔达萨雷·卡斯蒂廖内的肖像（1514年至1515年间，巴黎，卢浮宫）。同时，拉斐尔的圣像绘画在构思和绘制上均达到了登峰造极的水平，比如《西斯廷圣母》（约作于1513年至1514年间，德累斯顿，历代大师画廊美术馆）和《圣赛西莉娅的狂喜》（约作于1514，博洛尼亚，意大利国家美术馆），其后对艾米利亚画派产生了强烈的影响。在罗马时，拉斐尔还对建筑和古典研究兴趣浓厚；多纳托·布拉芒特去世后，拉斐尔承担的正式职务中就包括圣彼得大教堂的建筑师，他改变了布拉芒特为大教堂留下的设计方案。在拉斐尔绘画生涯的最后几年中，他在工作室日益频繁的协助下，绘制了《利奥十世同红衣主教儒略·德·美第奇、路易吉·德·罗西》（1518，佛罗伦萨，乌菲齐画廊）和《耶稣变容》（1518年至1520年间，罗马，梵蒂冈美术馆），《耶稣变容》代表着拉斐尔诗学最后的演进，这一演进过程对此后的每一代艺术家都至关重要。

汉斯·弗雷德曼·德·弗里斯

（莱瓦顿，1526年或1527年—汉堡，1609年）

他是装饰艺术家、设计师和建筑师，最初他被培养成了一个木匠，后来成为画家，曾在瑞那尔·杰里兹的工作室里学艺，随后进入恩斯特·梅勒的工作室。1548年，他注册成为安特卫普市民。当时，安特卫普正为查理五世和腓力二世的到来进行节日庆祝，弗里斯协助设计了节日的装饰性建筑。同时，他也活跃在墓家、花园和军事建筑设计领域；自1555年，弗里斯开始在安特卫普发布设计图，他在手记中记录了大量古代图案，这些设计图和手记为北欧矫饰主义的传播做出了杰出的贡献。在生命的最后几年，他频繁辗转于法兰克福、汉堡、但泽和布拉格，服务于奥匈帝国国王鲁道夫二世的宫廷。

路易·勒南

（拉昂，1593年—巴黎，1648年）

路易·勒南来自一个诞生了三个画家的家庭，排行老二的路易·勒南在绘画上的个性并不明晰。他在故乡时就开始了学徒生涯，随后同两个兄弟迁居巴黎。兄弟三人都顺利成为皇家绘画雕塑学院的成员，最小的兄弟马修甚至被任命为红衣主教马扎里诺和安娜·迪·法兰西绘制肖像。通常，路易被认为是勒南一家中最重要的画家，他的名字时常出现在农民生活场景的画作上，正是这些画作使得勒南兄弟在20世纪得以被世人重新发现。路易·勒南的作品包括《铁匠铺》和《小推车》，这两件作品均作于1641年；著名的《农民的晚餐》作于1642年，藏于巴黎卢浮宫，这幅画描绘了一个简陋粗犷的内部环境，尽管所使用的色彩数量有限，但却富有宗教仪式的庄重感；《餐桌边的四个人物》则藏于伦敦国家美术馆。

乔凡尼·洛伦佐·贝尼尼
（那不勒斯，1598年—罗马，1680年）

乔凡尼·洛伦佐·贝尼尼出生于那不勒斯；1605年前后，贝尼尼举家迁居罗马。在他漫长的一生中，直到1665年他才离开罗马，被路易十四世召唤到巴黎。贝尼尼的父亲彼得是一位后矫饰主义雕塑家，他在父亲的工作室中接受了艺术启蒙，致力于研究16世纪艺术大师和古代的雕塑作品，尤其是希腊雕塑。应红衣主教西皮奥内·博尔盖塞的委托，1619年至1625年间，贝尼尼雕刻了大理石雕塑《埃涅阿斯和安喀塞斯》《普罗塞耳皮娜被劫》《大卫》及《阿波罗和达芙妮》，他早熟的天资显露无遗。贝尼尼为这位枢机主教服务至1624年。乌尔班八世巴里尼登上教皇之位后，贝尼尼便在罗马的艺术圈中获得了显赫的地位。1629年，他被任命为圣彼得大教堂的建筑师。自1624年，贝尼尼开始接到委托设计教堂的龛室，他在大教堂中的工作从17世纪30年代一直持续到去世。除了熠熠生辉的讲道台（1656—1666）和大教堂前的柱廊（1656—1667）外，他还为圣彼得大教堂设计了乌尔班八世的墓冢（1639—1647）、《君士坦丁骑马雕像》（1654—1668）、《圣朗基努斯》（1629—1638）及梵蒂冈与圣彼得大教堂之间连廊的布景（1663—1666）。贝尼尼的重要建筑作品有蒙特奇特利欧宫（1650—1655）、奎利那雷圣安德烈教堂（1658—1670），以及路易十四委托他为卢浮宫设计的建筑项目。然而，他为卢浮宫设计的方案并未付诸实施，因为他的设计方案被认为不符合古典主义的品位和法式居住要求。冠以贝尼尼之名的还有一些著名的罗马喷泉。如纳沃纳广场上的四河喷泉（1648—1651）、巴尔贝里尼广场上的特里同喷泉（1640）。此外，贝尼尼还雕刻了大量的肖像，其中包括西皮奥内·博尔盖塞（1632，罗马，博尔盖塞美术馆）和康斯坦扎·博纳雷利（1635，佛罗伦萨，巴尔杰洛博物馆）的肖像。《圣特雷莎的狂喜》（1647—1652，罗马，圣马利亚·德拉·维多利亚教堂科尔纳罗祈祷堂）和《有福的路德维卡·阿尔贝尔托尼》（1671—1674，罗马，河畔圣方济各堂）均为巴洛克精髓的典范。

约翰·米歇尔·莱丝布莱克
（安特卫普，1694年—伦敦，1770年）

佛兰芒雕塑家约翰·米歇尔·莱丝布莱克是风景画家彼得·莱丝布莱克之子、画家彼得·安德烈斯和杰拉德的兄弟，18世纪备受赞誉的雕塑家之一。他在故乡接受了启蒙教育，或许是在米歇尔·范·德·沃特的工作室中。随后，他于1720年前往伦敦，一直住到去世。莱丝布莱克创作了许多半身肖像、墓碑和纪念碑，作品呈现出朴素的风格，融巴洛克元素和古典图案于一体。莱丝布莱克最著名的作品包括《威廉姆二世的骑马肖像》（1735，布里斯托尔，皇后广场）、《奥克尼伯爵半身像》（伦敦，维多利亚和阿尔伯特博物馆），以及藏于伦敦威斯特敏斯特教堂的十六座名人纪念碑。

托马斯·庚斯博罗
（萨德伯里，1727年—伦敦，1788年）

庚斯博罗作画之初并无导师的指导，他幼年迁居伦敦，在为雕刻家寻找素材和在格拉夫洛特绘画学校上学的时期，开始崭露自己的艺术天赋。庚斯博罗的婚姻让他能够全身心地投入到艺术创作中，他先后住在萨福克郡和巴斯市，凭借风景画和精致的资产阶级上层人物肖像画广为人知（《安德鲁夫妇》，约 1750，伦敦，英国国家美术馆）；1774 年，他正式定居伦敦。庚斯博罗是典雅和贵族式绘画的诠释者：在他的肖像画中，人物身材纤细，从衣着到时兴的发式的每个细节都精巧别致，同时每个人物又都表现出自己鲜活的个性；在他的风景画中，英国乡村在保留自身特色的同时又变得更加理想化；《西登斯夫人肖像》和《晨间散步》均作于 1785 年，藏于伦敦英国国家美术馆；庚斯博罗为女儿们所作的肖像画也藏于英国国家美术馆及维多利亚和阿尔伯特博物馆，这些肖像画和风景画是庚斯博罗典雅贵族式画风的典范。庚斯博罗的"幻想画"在表达上也具有强烈的原创性，所谓的"幻想画"即富含画家想象和幻想元素的乡村图景画。在"幻想画"中，庚斯博罗恣意追随着画家牟利罗、华多和格瑞兹的脚步（《两个牧羊少年和厮打的狗》，1783，伦敦，肯伍德府）。在伦敦，庚斯博罗不仅在皇家艺术学院展出过作品，还为英国王室作画，他同约书亚·雷诺兹是人尽皆知的竞争对手。

安东尼奥·卡诺瓦

（波萨尼奥，1757 年—威尼斯，1822 年）

安东尼奥·卡诺瓦出生于波萨尼奥，是一个石匠的儿子，曾在威尼托当过学徒。1768 年至 1775 年间，卡诺瓦在威尼斯的圣斯特凡诺修道院中进行雕塑研究。1768 年起，他在威尼斯美术学院上课，研究和临摹古代雕像的石膏模型。直到 1779 年，他一直留在威尼斯，曾收到许多重要的委托。

随后，卡诺瓦来到罗马，对古典雕塑有了更深入的了解，他在法兰西学院参加裸体素描课程，还在蓬佩奥·巴托尼的绘画学校上课。这一时期，罗马逐渐成为卡诺瓦的活动中心，在这里，他凭借一系列名门望族的委托，很早就在艺术界获得了一席之地，这些委托中最高贵的当属圣徒大教堂的克雷芒十四世墓碑（1784—1787）和圣彼得大教堂的克雷芒十三世的墓碑（1783—1792）。在 18 世纪的最后 10 年中，卡诺瓦创作了一些著名的大理石雕塑，如《拯救普赛克的厄洛斯》（1787—1793，巴黎，卢浮宫）、《维纳斯和阿多尼斯》（约 1787，日内瓦，拉格兰奇别墅）和《珀尔修斯》（1797—1781，梵蒂冈博物馆）。

1802 年，卡诺瓦被召到巴黎，为拿破仑·波拿巴雕刻肖像，卡诺瓦曾根据这一主题雕刻了多个版本的半身像和全身像。同年，卡诺瓦雕刻了《厄洛斯和普赛克》，这件作品现藏于冬宫博物馆。在 19 世纪的第一个 10 年中，卡诺瓦仍为波拿巴家族效力，他为拿破仑的母亲玛利亚·莱蒂齐亚及卡洛琳娜·乔阿基诺·穆拉特、爱丽莎·巴乔基都雕塑过肖像。卡诺瓦真正确立名望是在 1804 年左右，他接到为波琳娜·波拿巴雕刻肖像的委托，他利用维纳斯的形象完成了这件作品（约 1804—1808，罗马，博尔盖塞美术馆），这也是卡诺瓦最著名的作品。卡诺瓦不仅是雕塑家，同时还是画家，更是一位杰出的肖像画家。在这些年中，他雕刻了位于佛罗伦萨圣心教堂的维托里奥·阿尔菲耶里的墓碑，完成了位于维也纳阿古斯提尼亚尼教堂的克里斯提娜的墓碑（1805）。1813 年，他雕刻了《美惠三女神》（圣彼得堡，冬宫博物馆）。卡诺瓦曾受到教皇任命，完成一项外交任务，即修复一些被拿破仑运往巴黎的艺术品。于是，卡诺瓦便前往伦敦欣赏刚从雅典帕特农神殿运来的大理石雕塑。在卡诺瓦创作末期的作品中，还有一座建于波萨尼奥的神庙，这座神庙的创作受到了罗马万神殿的启发，其中不仅保存着卡诺瓦的大量作品，还有他的遗体。

约瑟夫·马洛德·威廉·透纳

（伦敦，1775年—伦敦，1851年）

1789年，约瑟夫·马洛德·威廉·透纳进入伦敦皇家美术学院研究雕版画和水彩画；1796年，他转而开始创作油画。起初，透纳更偏爱风景画，钟情于临摹他在游览英国乡村时参观过的地点，并根据实景绘制了大量的写生画和水彩画。除了研究普桑和洛兰的古典主义画作外，透纳还对伦勃朗的光影研究和歌德的色彩理论兴趣浓厚，这为他的光效研究奠定了重要的基础。透纳博学多识，充满好奇心，十分关注绘画的诗学和18世纪的英国绘画。他在年轻时期尤其喜爱描绘自然灾害（《海难》，伦敦，泰特美术馆；《圣哥达山口》，1803，伦敦，大英博物馆）。透纳超越了自然主义，形成了一种富有个人特色的风格，他将风景转变为更自由和抒情的图景，聚焦天气和光影效果，在以历史神话为主题的画作中，这种风格也可见一斑（《暴风雪：汉尼拔和军队跨越阿尔卑斯山》，1812，伦敦，泰特美术馆）。透纳的旅行经历十分丰富，曾到过苏格兰、法国和瑞士，而对他的风格演变产生决定性影响的是1819年的意大利之旅（《朱代卡运河上的威尼斯》，1840，伦敦，大英博物馆；《圣贝内代托：富西纳风景》，1843，伦敦，泰特美术馆）。这一时期，光效和色彩的研究成为透纳的创作中心，他画中的形状逐渐失去了连贯性和轮廓线（《上议院火灾》，1835，克利夫兰，艺术博物馆；《佩特沃斯周边》，1827，伦敦，泰特美术馆；《暴风雪》，1842，伦敦，英国国家美术馆）。标志着透纳彻底形成现代视角的作品或许是《雨、蒸汽和速度》（1844，伦敦，英国国家美术馆）。透纳成熟时期的作品达到了几乎抽象的境界，曾引起一些疑惑和批评，年轻的约翰·拉斯金就曾在《现代画家》（1834—1860）中对透纳这一时期的作品有过犀利的分析。

约翰·康斯太勃尔

（萨福克郡，1776年—伦敦，1837年）

约翰·康斯太勃尔在故乡度过了童年。1799年，康斯太勃尔为了在皇家美术学院学习而来到伦敦。在这里，他潜心研究古典风景画家，如克劳德·洛兰和尼古拉斯·普桑，以及17世纪的荷兰画家和理查德·威尔逊、托马斯·庚斯博罗等英国画家。在创作初期，康斯太勃尔的风景画总是以上述画家为范本；随后，他逐渐脱离了这种风格。在19世纪的第一个10年中，康斯太勃尔曾于1802年回到故乡的村庄，更深入地研究故乡的风景，创作了《德德罕河谷》（1802，伦敦，维多利亚和阿尔伯特博物馆）、《斯陶尔河上的驳船》（1810—1811，伦敦，维多利亚和阿尔伯特博物馆）、《从兰厄姆望向德德罕河谷》（1812，牛津，阿什莫尔博物馆）。他还留下了一些研究光效和天气效果的写生作品（伦敦，维多利亚和阿尔伯特博物馆），这些作品体现了他以自然主义手法呈现风景的偏好。经过漫长的酝酿后，19世纪20年代至30年代初，作品《威文霍公园》（1816，华盛顿，美国国家美术馆）、《韦茅斯湾》（1816，伦敦，英国国家美术馆）和《干草推车》（1821，伦敦，英国国家美术馆）问世。

康斯太勃尔的画总是在一些固定的地点取景，尽管时隔多年，他仍会创作相同的主题，例如汉普斯特德的荒地和索尔兹伯里大教堂（《索尔兹伯里大教堂》，1820，伦敦，英国国家美术馆）。1820年至1822年间，他尤其关注云彩研究，用油彩在纸上画了许多写生，并记下了时间和与天气状况相关的观察。1824年，《干草推车》被德拉克洛瓦沙龙和巴比桑画派的风景画家们看中；然而，康斯太勃尔的绘画在大不列颠却明显受到了冷遇，直到1829年，康斯太勃尔才被接纳成为英国皇家美术学院的成员。在生命的最后阶段，康斯太勃尔致力于传播他的风景画理论；在他这一时期的作品中，昏暗的色调折射出的是他曾经历过的风浪（《河谷中的农场》，1835，伦敦，泰特美术馆）。

约翰·吉布森
（吉芬，1790年—罗马，1866年）

约翰·吉布森是一位威尔士雕塑家，是历史学家威廉·罗斯科引导他进入利物浦的艺术圈，正是在利物浦，他得到了最初的工作机会。1817年，他离开了这座英国城市，在雕塑家约翰·弗拉克斯曼的劝说下前往罗马——弗拉克斯曼十分欣赏吉布森的《微风推动的普赛克》（1816，伦敦，英国皇家美术学院）。在罗马，吉布森与安东尼奥·卡诺瓦之间萌生了友情和师生情谊；几年后，他也成了巴尔特·托瓦尔森的朋友和学生。1819年，他的首件重要作品《马尔斯和丘比特》（查茨沃斯庄园，德比郡）问世。尽管此后吉布森在意大利度过了生命中余下的时光，但他在自己的故乡也声名显赫。1838年，他被提名为英国皇家美术学院成员。此外，吉布森还经常为英国贵族效力。吉布森在短时间内成了英国新古典主义风格最重要的推动者，在作品中刻画了极尽典雅的人物，并将复色的技法重新引入大理石雕塑的创作中。吉布森最著名的作品是《维纳斯》（1851—1855），这件作品曾于1862年在伦敦展出，现藏于利物浦的沃克艺术画廊。

保罗·希波利特·德拉罗什
（巴黎，1797年—巴黎，1856年）

保罗·希波利特·德拉罗什曾是路易·埃蒂安·瓦特雷的学生，随后被更著名的安东尼·让·格罗收入门下。德拉罗什的父亲是一位艺术专家，时常通过画作交易获得可观的收入，正是这种有利的家庭环境培养了德拉罗什的艺术爱好。

德拉罗什初露头角是在1822年的沙龙中，他的一幅画引起了杰利柯的兴趣。从那时起，他便频繁开始在沙龙中露面。他的历史题材画作后来大获成功，尤其是在1830年大革命之后。然而，德拉罗什作品仅仅在表面上表现出浪漫主义，实际上他的画作更富有传统和学院派的气息，能够吸引刚刚夺取政权的新兴资产阶级。他为巴黎美术宫的半圆拱完成的湿壁画装饰远近闻名；他最著名的画作或许是《拿破仑跨越阿尔卑斯山》（1848，巴黎，卢浮宫）。

古斯塔夫·勒·格雷
（维利耶勒贝尔，1820年—开罗，1882年）

古斯塔夫·勒·格雷是19世纪摄影界的核心人物。勒·格雷在故乡作为画家出道，随后进入巴黎的美术学院，与其他知名艺术家一起在保罗·希波利特·德拉罗什的工作室上课。他曾在巴黎的一些沙龙中展出过自己的作品,而真正让他声名鹊起的则是他卓越的摄影技术。勒·格雷发明了火棉胶玻璃底片,勒·格雷在绘画训练中获得的构图敏感度使他的摄影作品呈现出多样的主题,符合新兴的摄影美学。他对海景、天空的变化和枫丹白露森林景观的捕捉充满了诗意和抒情性,难怪人们会将他视为与纳达尔、查尔斯·内格雷、爱德华·丹尼斯·巴尔杜斯和罗杰·芬顿这些当代摄影大师齐名的摄影家。

但丁·加百利·罗塞蒂

(伦敦,1828 年—滨海比尔琴顿,1882 年)

1848 年,但丁·加百利·罗塞蒂与约翰·埃弗里特·米莱斯、威廉·霍尔曼·亨特创立了前拉斐尔派,他年轻时期的作品明确反映出追随意大利早期绘画大师的倾向。《圣母的童年》(1849) 和《主的女仆》(1850,伦敦,泰特美术馆)两件作品都表明,他主张将艺术从正式的学院派主义中解放出来。罗塞蒂作品中常见的主题有:对已故少女的爱慕(出自埃德加·爱伦·坡的作品),对中世纪的热情、纯洁的世界,有妖魔出现的残酷神话戏剧(《阿施塔特女神》,1877,曼彻斯特,市立美术馆),神话人物(《圣乔治和萨伯拉公主的婚礼》,1857,伦敦,泰特美术馆),对但丁的崇拜(《但丁的梦》,1871,利物浦,沃克艺术画廊),以及自杀的妻子(《贝娅塔·贝娅特丽丝》,1863,伦敦,泰特美术馆)。他在职业生涯的大部分时间中都受到了约翰·罗斯金的庇护。罗塞蒂曾因为他的十四行诗集《生命之殿》(1870,于 1881 年重印)而被指控伤风败俗,他晚年沉迷于酒精和毒品,生活在绝望之中。

约翰·埃弗里特·米莱斯

(南安普顿,1829 年—伦敦,1896 年)

约翰·埃弗里特·米莱斯是一位英国画家。1848 年,他同但丁·加百利·罗塞蒂及威廉·霍尔曼·亨特一起创立了前拉斐尔派。在这一流派风头正盛的时期,米莱斯完成了自己的最佳作品,其中包括作于 1850 年的《基督在父母家》和作于 1852 年的《奥菲利亚》(伦敦,泰特美术馆)。米莱斯的绘画接近自然主义色调,婉约动人,多愁善感,但充满了作画的尊严感和强烈的道德感。在他创作晚期的作品中,为了形成一种更简约和学院派的风格,这种平衡似乎被打破了(《罗利的童年》,1870,伦敦,泰特美术馆)。米莱斯在木版画的创作上也有不俗的成就。

维克多·弗里德里希·霍恩洛厄(也称格莱兴伯爵)

(蓝根堡,1833 年—伦敦,1891 年)

维克多·弗里德里希·霍恩洛厄是德国符腾堡州恩斯特·迪·霍恩洛厄-蓝根堡亲王之子,其母为英国维多利亚女王同母异父的姐姐菲奥多拉·迪·莱宁根公主,他与英国皇室有着紧密的联系。1848 年,维克多正式成为皇家海军军官,先后在地中海、东印度和中国担任要职将近 20 年。1866 年,维克多退休,开始了他专攻肖像的雕塑家生涯,他的作品包括一些雕像和《维多利亚女王半身像》。

埃德加·德加

(巴黎,1834 年—巴黎,1917 年)

埃德加·德加年少时便潜心临摹卢浮宫的画

作。1855 年，他进入画家拉莫特的画室里学画，拉莫特是让·奥古斯特·多米尼克·安格尔的追随者。后来，德加进入巴黎美术学院。1859 年至 1860 年间，德加居住在意大利，开始了解文艺复兴绘画大师的作品；回到巴黎后，他创作了许多历史主题的作品和一系列著名的亲友肖像。在这一时期的作品中，我们仍能察觉到安格尔对他的影响。这一时期的重要作品《贝利尼一家》（1858—1860）和《年轻女人的头像》（1867）均藏于巴黎的奥赛美术馆。那几年对于德加而言至关重要，他与反对学院派的画家建立了联系（如爱德华·马奈），并开始了解日本印刷画和摄影，这些发现都引导着他去尝试新形式和新构图。在摒弃传统的主题后，德加致力于呈现当代生活情境，例如赛马的场景（《跑马场上》，1869—1872，巴黎，奥赛美术馆）。歌剧院和舞蹈都成为德加作品中的常见主题。德加尤其偏爱画舞女，他曾为不少更衣室中的舞女和练习中的舞女画过肖像（《舞蹈课》，1873—1876，巴黎，奥赛美术馆）；裸体女性也会出现在他的画中，他时常将正在进行私密活动或日常活动的女性搬到画布上（《梳头的女人》，1885，圣彼得堡，冬宫博物馆；《在浴缸中洗澡的女人》，1886，巴黎，奥赛美术馆）。1874 年，德加首次参加了印象画派的展览，尽管从严格意义上来说，德加并不完全属于这一画派，但他仍在捕捉生活印象这一内容的选择上与印象主义运动十分接近，例如，作于 1875 年至 1876 年间的著名画作《苦艾酒》就是如此（巴黎，奥赛美术馆）。他的最后几幅色粉画呈现的是在化妆间中的女人，其色彩鲜明，具有反自然主义风格。德加的作品对他同时代的人产生了深远的影响，尤其是亨利·德·图卢兹·罗特列克。

查尔斯·雷尼·麦金托什

（格拉斯哥，1868 年—伦敦，1928 年）

查尔斯·雷尼·麦金托什是一位苏格兰设计师。麦金托什毕业于格拉斯哥学院，游览欧洲后，他和友人麦克尼尔、弗朗西斯和玛格蕾特·麦当娜姐妹组成了格拉斯哥四人组，专为书籍画插图，设计家具，制作版画和金属玻璃装饰品。这些朴素典雅、线条简单、具有象征意义的工艺品在英国和欧洲广受赞誉，1900 年的维也纳分离派展览馆和 1902 年的都灵博览会均展出了他们的作品。麦金托什的设计和建筑呈现出独特的对称性和线性风格，是 20 世纪理性主义和构建主义建筑的先导。自 1896 年，麦金托什致力于设计和建造格拉斯哥艺术学院，这座建筑竣工于 1907 年，是麦金托什最负盛名的作品。格拉斯哥艺术学院平面布局简单，形状规则，但麦金托什在质朴简约的原址上融入全新的语汇，建筑表面的波动变化决定了建筑内在的抽象节奏。

伦敦维多利亚和阿尔伯特博物馆

图书在版编目（CIP）数据

伦敦维多利亚和阿尔伯特博物馆 /（意）伊波利塔·帕西利主编；虞奕聪译. — 南京：江苏凤凰文艺出版社，2021.3
（伟大的博物馆）
ISBN 978-7-5594-5297-9

Ⅰ.①伦… Ⅱ.①伦… ②虞… Ⅲ.①博物馆 – 介绍 – 伦敦 Ⅳ.① G269.561

中国版本图书馆 CIP 数据核字（2020）第 207033 号

© 2019 SCALA GROUP S.p.A., Florence-Italy
© 2021 for this book in Simplified Chinese-Phoenix-Power Culture Development Co., Ltd
Published by arrangement with SCALA GROUP S.p.A.
Original Title VICTORIA AND ALBERT MUSEUM, Londra
Editor: Ippolita Passigli
Texts: Federica Bustreo, Giulia Marrucchi
The simplified Chinese edition is published in arrangement through Niu Niu Culture.

著作权合同登记号　图字：10—2020—519 号

伦敦维多利亚和阿尔伯特博物馆

（意）伊波利塔·帕西利 主编　　虞奕聪 译

责任编辑	李龙姣
特约编辑	刘程程
装帧设计	鹏飞艺术
出版发行	江苏凤凰文艺出版社
	南京市中央路 165 号，邮编：210009
网　　址	http://www.jswenyi.com
印　　刷	山东泰安新华印务有限责任公司
开　　本	787 毫米 ×1092 毫米 1/16
印　　张	8.25
字　　数	167 千字
版　　次	2021 年 3 月第 1 版
印　　次	2021 年 3 月第 1 次印刷
书　　号	ISBN 978 - 7 - 5594 - 5297 - 9
定　　价	80.00 元

江苏凤凰文艺版图书凡印刷、装订错误，可向出版社调换。联系电话 025-83280257

Photographic credits

All images in this volume are supplied by Scala Archives-www.scalarchives.com © 2020 Photo Scala, Florence/V&A Images/Victoria and Albert Museum, London, included:

p. 10 © 2020 Christie's Images, London/Scala, Florence;
p. 11 © 2020 Photo Spectrum/Heritage Images/Scala, Florence;
pp. 12, 14, 25 © 2020 Mary Evans/Scala, Florence;
p. 13 © 2020 The British Library Board/Scala, Florence;
pp. 15, 16 © 2020 National Portrait Gallery, London/ Scala, Florence;
p. 24 © 2020 Photo Josse/Scala, Florence

and except for images:
pp. 4-5 © 2020 Thomas Barrat/Shutterstock.com; pp. 18, 20 © 2020 pio3/Shutterstock.com; p. 19 © 2020 chrisdorney/Shutterstock.com; p. 21 © 2020 Machado/Shutterstock.com; p. 22 © 2020 Kiev. Victor/Shutterstock.com

The publisher apologizes for any omissions or oversights and remains available to anyone who may have been accidentally overlooked.